ウォークインが教える
宇宙の真理

～全ての悩める人達へ～

スピリチュアルカウンセラー
のりこ

ヒカルランド

はじめに

この本を手にとっていただきありがとうございます。

皆さんは日々、

『生まれてきて良かったな』

『生きていて幸せだな』

と感じていますか？

以前の私はそういった感覚が全くなく、幸せも、生きている意味もわからないまま長い時を過ごしてきました。

『何のために生まれてきたんだろう』

『早くこんな人生終わらないかな……』

そんなことを毎日思っていました。

生きていることが恥ずかしく、呼吸をするのも恥ずかしく。

自分という存在がとても恥ずかしく。

けれど、今は全く違った人生をおくっています。

生きていることに心からの喜びを、呼吸をするごとに深い幸せを。

自分という存在がとても愛おしく感じます。

なぜここまで変わることができたのか。

それは、自分の中に存在する無限の愛に気づくことができたからです。

人は何かを求めながら生きています。

お金、地位、名誉、人それぞれ求めているものは違っているように見えますが、本当にほしいものは愛なのです。

それは私たちの本来の姿は愛そのものだからです。

愛という存在だから愛に惹かれる。

本質のエネルギーが共鳴しているのですね。

そして、愛とは宇宙です。

私たちは宇宙から生まれ、最終的に宇宙へと帰還します。

愛から生まれ、愛へと還っていくのです。

◎意識進化

愛を他の言葉で言い表すと『ありがとう』の気持ちです。

『ありがとう』の気持ちで生きていくと、自然とあなたは愛の意識へと変わっていきます。

あなたの本来の意識である愛の存在へと還っていくことを意識進化と言います。

『人に感謝できない』

『私には愛がない』

と思っているあなた。

大丈夫です。私もかつてはそうでした。

けれど、愛がない人など存在しません。

宇宙は愛そのもので、私たちはそこから生まれてきています。

自分の中にある愛に気づき、その愛を私たちは育てていくことができます。

◎エゴを愛で包み込む

本書では『エゴを愛で包み込む』という表現を多く使っています。

エゴとはちょっとしたことで不安になったり、怒ったり、興奮して現実に振り回される意識のことです。

このエゴに『ありがとう』と声をかけてあげると、深い愛に満ち溢れた本当のあなたの意識で生きることができます。

あなたは、あなたを縛るあらゆるものから解放されていきます。

お金も人間関係も健康問題も生きがいも、あなたを悩ませる事柄からあなたは自由になれるのです。

今回、愛溢れる宇宙の真理と、ウォークインやアセンションなどの現象、今日から実践いただける波動を上げるためのメソッドなど幅広くご紹介させていただきます。

皆さんの深い意識へ届くよう一ページ一ページ想いを込めてつづらせていただきました。

この本によってあなたの中にある愛・宇宙が目醒め、人生が大きく動き出しますように。

世界がこんなにも愛に満ち溢れているということに気づきますように。

宇宙はあなたの還りを待っています。

私たちの天命

ある時、『自分は何のために生きているんだろう』と思うことがありました。

生きる意味。この世に生を受けた意味。

皆さんも一度は考えたことがあるのではないでしょうか。

こういった自身の存在意義に対する探求心は霊的な世界を学ぶきっかけとなります。

ウォークインした記憶やサイキックな力をもっていても、解脱や死後の疑似体験をしても、以前の私にとって、それは大きなコンプレックスであり、何のためにそんなことをしているのか自分の価値を完全に見失っている状態でした。

でも、ある日何気なくその問いをなげたとき、声が聞こえました。

『生きることがあなたの使命だからです』

それは三次元ではなく遥か遠くにある高次の世界から届いたもので、そのメッセージを受け取った時、雷にうたれたような衝撃が肉体に走り、一瞬息が止まりました。

肉声かと勘違いする程はっきりとした波動で、それはとても強く美しく温かく、何のひっかかりもなく私の中に入ってきて、肉体をこえオーラ全体に広がっていきました。

世界や人々を救うのではなく、生きることが私の使命。

とても腑に落ちました。寿命を全うすることが私の使命なのであれば、どうせ生きなきゃいけないのであれば、残りの人生、今までの暗い自分とは全く違ったそれこそ完全に生まれ変わった愛ある自分で生きたいと強く思いました。

そして、その意識で生きた結果、全人類の天命を完全に思い出したのです。使命は何に時間を使うのかということ、天命は天（宇宙）との約束事を意味します。私たちの天命。**それは、意識進化を遂げ、宇宙へ帰還することです。**

現在、私はカウンセラーやヒーラー、セミナー講師として宇宙の真理をお伝えしています。それはこのアセンションの時期に合わせて必要なメッセージを伝えるようにと宇宙からメッセンジャーの役割を担っているためです。

しかし、そのメッセンジャーという役目ですら私が波動を上げてこの世を卒業し、宇宙へ帰還するためのオプション、いわゆるおまけのようなものでしかありません。

宇宙へ帰還することが天命というと、荷が重く感じる方もいらっしゃるかもしれませんが、**あなたが自分自身を大切にし、自分自身を愛することをすれば自ずと宇宙という真の故郷へ還ることができます。**

幻想である現実という外側の出来事に心を奪われ、人の目ばかり気にしてしまい、自分の心をないがしろにしてしまう方が多くいらっしゃいます。

あなたが何のために生まれてきたのか、その意味を確認すること。

そこを間違えてしまうと迷走してしまい、あっという間にこの世での時間は過ぎ去っていきます。天命を全うすることなく、生涯を終えてしまうのです。

あなたが『生』という流れの中で自分自身を最大限に愛すること。

今、それが何よりも優先である必要があります。

ウォークインが教える宇宙の真理～全ての悩める人たちへ～ ◆ 目次

はじめに　1
◎意識進化　2
◎エゴを愛で包み込む　3
私たちの天命　4

第1章　敬の章　13

ウォークインとして生まれる　14
私はなぜ今、地球にウォークインしたのか　19
地球の思いとは　27
解脱して宇宙に戻ったときの感覚　30
宇宙の流れにのるためには　38
全てはエネルギー　持っているエネルギーが先、現象は後　42

鏡の法則　嫌なあの人は自分の創造物　46
風の時代を生きる心構え　50
ハイヤーセルフとつながる　53
自分が憑依されたらどうしたらいいか　56
子供との付き合い方　61
人の本当の姿　65
エゴを愛する　69
☆主導権は常に自分に　74

第2章
天の章　77

ワンネスで生きる　78
過去・未来の見え方　84
お盆の思い出　89
睡眠中に私たちがやっていること　94

高次の世界 98
戦いをやめていくこと 103
無意識の中に戦いはある 107
ねばならないという思い込み 113
愛をベースに生きる 116
食べるということ 120
お金の執着 126
魂を癒すこと 130
マイトレーヤとの出会い 134
時空をこえてやってきた存在 145
☆無価値感という幻想 152

第3章 愛の章

第3章 愛の章 155
セルフチャネリングについて 156

カウンセリングを受ける時の心構え 162
幸せの四大原則 164
迷うことは罪という思い込み 172
ネットサーフィンやSNSとのつき合い方 175
あぶり出し 180
人を羨む気持ち 184
波動が高い人の共通点 186
素直な心をもつために 189
みんな素晴らしい 191
☆今辛いあなたへ 194

第4章 人の章

人の章 197
なりたい自分になるために 198
●潜在意識を変える 199

●具体的に意図する　201
●必ず行動　203
白湯で心身を整える　206
一日三回のワークで心を整える　208
オーラを整える　211
松果体とハートチャクラを意識する　213
お部屋を整える　216
自宅をエネルギースポットに　219
音楽で意識を広げる　223
肉体を愛することで波動を上げる　226
リトリート　228
●嵐山祐斎亭　229
●大悲閣千光寺　233
ワーク　239
●天と地のワーク　239

☆かけがえのないあなたへ　241
おわりに　243

カバーデザイン　三瓶可南子
カバー写真　Ayumi
イラスト　山下可絵
校正　白鴎堂
本文仮名書体　文麗仮名（キャップス）

第1章

敬の章

ウォークインとして生まれる

皆さんはウォークインという現象をご存知でしょうか。通常一つの肉体には一つの命が宿ると認識されていますが、二つ以上の命が宿る場合があります。それは同時進行で宿るということではなく、あるタイミングで使命を全うした命は肉体から抜け天に上がり、その瞬間にまた別の命が肉体に入り、命の入れ替わりが起きます。これをウォークインと言います。

私は肉体の年齢が二歳の時に地球に降りてきてウォークインしました。降りてくる数か月前から、この世を観察できる待機エリアで、自分の両親はどういった人たちなのか、どういった家庭環境が用意されているのかなど、必要な情報を得ながらその時を待っていました。そして、肉体から一つの意識が抜けたその瞬間、私という意識は暗闇にある滑り台のようなところを高速ですり抜け、ぱっと明るいこの世界に降り立ちました。

ちなみにこの滑り台は、皆さんもこの世に生を受ける時に通るところで、通常はここを通るとあの世で過ごした記憶は消えるようになっています。それは、全てを覚えているということが今世の成長の妨げになるためです。

例えば『苦しみ』という体験をすることによって大きく成長することを決めた魂は、あの世でブループリントという自身で作った人生のシナリオの中で、いくつかの試練を設定します。

しかし、この世に生まれ変わり、肉体を身にまとった瞬間、苦しみから逃れたいという人間的な思いが生まれ、今世やるべき課題に取り組まず、避けてしまうことがあります。人が生まれ変わるには多くのエネルギーや時間が必要とされます。効率的に魂が成長していくためには、あの世の記憶を消すということは、大変に有効的な手段なのです。

ウォークインをしてこの世に降りてきた瞬間は、肉体は子供でも、大人のような思考をもっています。ただ、地球の波動[注1]に慣れていないので、少し寝ぼけている感じもあり、『この肉体は私の担当なのに、どうして二つも年をとっているんだろう』、『人はゼロ歳から一生が始まるのに、この二年間は誰がこの肉体に入っていたんだろう』ということをとても考えました。今はその問いについて全て答えが出ますが、その時はどうにか記憶を取り戻そうと『なぜ？』という言葉をずっと頭の中で巡らせていました。

そして、その時に見たのが枯れ果てた草木が嵐の中で揺れ動いているビジョン。光を失った大地には色がなく、人の姿もありませんでした。私が生まれたこの時代はこれから大きな混乱が起きるということ、私自身にも数多くの試練がやってくるということを高次[注2]の存在たちがビ

注１　エネルギーのこと
注２　あの世や神界、宇宙などエネルギーの高い次元

ジョンを通して伝えてくれたのです。

それと同時に『覚悟』という言葉も心に浮かびました。私が大人になった時、なぜ自分がウォークインしたのか、自分の役目が全てわかる時が来るので、地上でどんなことがあっても、何があってもこのウォークインした記憶だけは手放さずに生きていこうと強く決心しました。

ともかく私には恐怖心というものは一ミリもなく、どんな世界が待っていようともこの人生を必ず全うするということ、そして意識進化という魂の目的を成就させるための壮大な計画の幕開けに大きな喜びを感じていました。


私がウォークインした場所は実家の仏間でした。キッチンに母がいることも、キッチンがどの位置にあるのかも待機エリアで確認済みだったので、この興奮と喜びを伝えるために母のもとへ向かいました。きっとこの状況を伝えても母は信じてくれないし、そもそも理解できないというのもわかっていましたが、今まで二年間いた子は本当は私ではなく、私という意識はたった今肉体を身にまとい、今日から私の一生は始まるということを、私以外の人間に知ってもらいたかったのです。

私は、慣れない肉体の重みを感じながらキッチンに辿り着き、流し台の前に立つ母に今の思いを伝えようと口を開きました。

すると出てきたのは『あー、あー』という単調な言葉。

私に気づいた母は『どうしたの？』と声をかけます。

発声の仕方がわからず、試行錯誤しながら言葉を発しますが、出てくるのは『あー、あー』という言葉と意味不明な赤ちゃん言葉。

『伝えたいのはこんな言葉じゃないのに……』そう思いながら、何度もトライしましたが結果は同じです。その時初めて、肉体的能力の限界を認識しました。

自分が思っていること、考えていることを全く伝えることができない。

それはとても歯がゆく、肉体を持つということがこんなにも不自由なんだということを知った瞬間でした。また、それは私が初めて感じたイライラであり、地球特有の感情というエネルギーでした。

怒り・悲しみ・苦しみといった心地良くない感情は三次元[注3]ならではのエネルギーです。

もちろん高次元でもこれらのエネルギーは体験できますが、三次元程リアルではありません。地球に降りてくるまで私は、地球のエネルギーとは無縁なところに存在していたので、そういったものを感じることが難しかったのです。

『この現象を誰かに伝えるのは今ではないということですね』そう高次の存在に確認し、私は元いた仏間へ戻りました。


それからの毎日は、降りてくる時に持っていた高い自分の波動を、地球の波動に馴染ませることに注力しました。肉体は重いけれど、中に入っている意識はとても軽い。この肉体と意識のエネルギーが乖離《かいり》している状態はとても不快なものでした。そして何よりこの年齢で多くのことを把握しているというのは、この世ではとても生きづらいということ、今世で必要な経験をするためには不要だということも理解していました。

地球の波動に馴染ませる方法はとてもシンプルで、全てがわかっているのにわからないふり

注3　現実、この世のこと

をしたり、何もできない人間のふりをしたり、自分はできない・やれないという思考を毎日自分に植えつけていきます。そうすることで地球の波動が私のオーラに乗ってくるので、地球にしっかりと馴染めるようになります。

今私は極限まで波動を上げるために日々生きていますが、その時は波動を下げることが絶対的に必要なことだったのです。その作業の甲斐あって、私は幼稚園や小学校などの一般的な教育を受けることができる状態になり、三次元的な生活というのを何とかこなせるようになりました。

私はなぜ今、地球にウォークインしたのか

今、地球は大いなる宇宙の計画のもと高次元へ移行している最中です。この次元上昇のことをアセンションと呼び、私がそこに照準を合わせてやってきたのは、この時期に多くの魂たちが意識進化をすることを決めているためです。

意識進化とは、
①人は皆、霊的な存在であること。
②この世界の全てのことは肉体の中にある意識（霊）の波動が作り出しているということ。

この二つのことを知識ではなく、心で体得し、天（宇宙）に感謝し、人を愛する敬天愛人の精神で生きていくことです。

波動というのはエネルギーのことで、喜び・幸せ・感謝など軽やかなエネルギーをもっている人は何でもスムーズに物事が上手くいき、ワクワクする世界を創造します。また、怒り・悲しみ・苦しみなど重いエネルギーをもっている人は、常に何か問題を抱えているような生きづらい世界を創造します。

この軽い・重いというのは優劣ではなく、単なるエネルギーの特性であり、どのエネルギーを持つのかはその人の意思に委ねられています。

意識進化の道にしっかりと入り、エゴ（一喜一憂する自分）を愛で包み込む人たちは大変な状況に陥ったとしても、思い悩み苦しむことはできなくなります。

エゴを愛で包み込むというのは、あなたが現実に振り回されて心穏やかではない時、エゴに対して、『大丈夫だよ』『感じさせてくれてありがとう』と語りかけ、私たちの本来の故郷である宇宙意識で生きることです。

宇宙意識で生きるとは愛のエネルギーで存在すること。『ありがとう』の感謝の気持ちで生きることです。

大いなる宇宙に生かされているという感覚、お陰様の精神で人生を歩んでいくと未来の可能性は広がり、自分が必要としているものは自然と手に入るようになります。


例えばお金がなくて苦しんでいる人。

必要なお金は苦労せずとも手に入ります。

人間関係で悩まれている人。

自分が傷つく人間関係とは無縁で常に信頼をおける人たちと共に時を過ごすことになります。

やりたいことが見つからない人。

何でもできる意識へとシフトするので、やりたいことがありすぎて毎日ワクワク過ごすことになります。

健康問題で不安を抱えている人。

病と闘って疲弊するのではなく、その経験すら学びであることに気づき、この世に生を受けたことに深く感謝しながら幸福の中で生きることができます。


全てはあなたの意識次第。

あなたが波動の高い意識をもっていさえすれば、あなたが望む世界を容易に創り出すことができます。なぜなら**この世はあなたの意識を一ミリも違いなく完璧に投影しているためです。**

この世で意識進化の道に完全に入り、あるところまで波動が上がると、この世のどのような現象も包含した意識で視ることができます。表面的な現象ばかりに心奪われ、善悪のジャッジをするのではなく、その奥にある大いなる宇宙の愛を感じることができるのです。そして全てが自分の意識（波動）でこの世界を創り出しているということに深いところで気づいているので、自分の内側を整え、平安な心で生きることができます。

この意識状態というのは三次元という制限のある世界ばかりにフォーカスし、生活をしていると到達するのは困難ですが、宇宙からのメッセージや情報に触れることで、意識が広がり、**本当は誰しも自由であり、全ての出来事が自分の心の投影である**という感覚で生きることができます。

それは創造主の意識です。

アセンションのタイミングで私が降りてきたのは、今、意識進化の道へ入る方たちにその方法や情報をお伝えするためです。もちろんそういった宇宙からの情報を渡すメッセンジャーは私以外にも多く存在し、それはスピリチュアルな仕事をしている方々だけではありません。音で魂を震わせる演奏家。作品を通して宇宙のメッセージを伝えるクリエイター。覚醒を促すためのエネルギースポットを守る方々。

地球と私たちのアセンションのために、それぞれの使命のもと活躍されています。

そもそもなぜ私たちは意識進化の道に入る必要があるのでしょうか。

私たちは亡くなった後、あの世と呼ばれる世界に行き、この世で負った傷を癒し、その時の意識進化レベルに合った最適な学びをします。そして今世の記憶や自分の使命を忘れた状態で、また三次元へ戻ってくるということをずっと繰り返してきました。これを輪廻と言い、この輪廻のサイクルから抜け、私たちの真の故郷である宇宙に還ることを解脱《げだつ》と言います。

解脱をすると今度は自分の能力や天命を完全に覚えている状態で、この世又は高次の世界や他の星で生活をすることができます。

この世は喜怒哀楽を十分に体験できる最高の環境が整っています。

そこで私たちは多くの経験を積み、魂を成熟させていきます。

意識進化の道に入り、解脱をし、輪廻を終わらせる。これが、魂が成熟する流れです。

宇宙には時間というものはありません。しかし、サイクルというものは存在し、**今この時代というのは、今までの、どの時代よりも多くの成熟した魂たちが一気に解脱していきます。**

多くの意識進化を遂げる魂は、過度な物質的豊かさの追求の経験を経て、精神的な豊かさを追求する道へと進んでいきます。

一つの魂が物質的な豊かさに重きを置く時というのは、お金、土地、食料など目に見えるものをより多くもつことで自分の価値を確立しようとする時です。持つもの、持たざるものの間に生じる優劣の概念や、奪うことによる高揚感、奪われることの悲しみなど、それらは高次では全く理解できないものであるため、全ての魂が必要としている経験でもあります。

過度な物質的欲求は飽くなきものとなり、争いへとつながります。精神的に不安定な状態をもたらし、その極限の状態として戦争が生まれるのです。

世界中で起きたどんな戦争も、根底には人々の不安や怒りが存在していて、それらが終わった後の時代も私たちの深い意識の中にしこりとして残ってしまいます。

物質的な豊かさを追求し、その経験を十分に堪能した魂は、あるタイミングで精神的豊かさの追求をスタートさせます。現実世界に存在する物質的なものをより多く手に入れることで幸福を得るのではなく、内に秘めた本来の私たちの姿である愛の認識と、それを最大限に活性化することで真に求める、内なる豊かさを得るための新たな学びを始めます。

私たちがもっている愛を目醒めさせるためには、怒りや悲しみ、劣等感を愛で包み込み、内側を整えることが必要です。

この物質的豊かさの追求から精神的豊かさの追求への過渡期というのは、現実世界では様々なことが起こるものです。高い精神性を求めようとすると、それに反対しようとする人たちや、混乱させる出来事が生じ、自分が歩む意識進化の道というのは本当に正しいことなのか疑いたくなることも多々あるでしょう。

もちろんあなたの心を揺さぶろうとする存在はあなたの中にあるエゴで、エゴはあなたの中に存在する自分が消えてしまうのを恐れ、あらゆる手を使い、あなたの自信を喪失させるようなことを起こします。

しかし、その過渡期を乗り越えた魂は、完全に意識進化の道に入り、どんな時も波動を高めることを最優先とし、魂を成熟させるべく宇宙の真理から外れぬよう、全意識をそこに向けながら日々過ごすことになります。

行動する時も、意図する時も、言葉を発する時も、自分の中に重いエネルギーが存在しないかを確認し、もし存在した時は迅速にそれらを愛で包み込むことが習慣となります。

ここで注意していただきたいのが、物質的な欲求を満たすこと自体が悪いことではないということです。意識進化の道を進む人たちも食事をしたり、服を買ったりと物質的欲求はあります。ただ、過度に求めるということはありません。食べすぎたり、物を持ちすぎるということはなくなります。

物欲を満たすことによる一時的な高揚感、満足感というのは長続きしないことを知っているので、表面的な喜びを得ることに興味がなくなり、そこに大きな価値を感じることができなくなるのです。

人の欲求を満たそうとする思いがベースとなって、多くの産業が発達し文明は進化しました。しかし、現在それらは飽和状態となり、物が溢れているのにもかかわらず、満足感を得ることができないという人が多く存在します。

過度に物質を得ることで心を満たそうとする行為は、高次の視点では、本来は存在しない現実という世界で、あるはずのない答えを必死に探し求め、迷走しているように見えます。人はその事実に亡くなった後、死後の世界で気づくのですが、輪廻で生まれ変わったと同時にその真理を忘れてしまいます。


現在、多くの人たちが、今までは全く興味がなかったスピリチュアルの話に耳を傾けるようになり、自分と向き合い、本当の力を取り戻そうとしています。地球も人類が煩悩から解放され、本質の愛そのものに戻っていくのをサポートしてくれています。

地球が大きく変容する時は、多くの混乱が起き、社会は乱れます。アセンションするためには地球上の波動を軽くする必要があるので、地球に住む私たちが抱えている怒りや悲しみなどの重いエネルギーは浄化されていきます。その浄化を現象化したものが、災害やコロナのような感染症だったりします。

皆さんに知っておいてほしいのは、悪いことは何も起きていないということ。表面的には社会が混乱しているように見えても、アセンションのために、浄化のために起きていることなのです。

多くの人が現象に振り回されず、穏やかに機嫌良く毎日を過ごすことができると、その浄化による現象も穏やかなものへと変わっていきます。なにがあっても慌てず、穏やかに。一人一人の意識が多くの人を幸せにします。

地球の思いとは

宇宙は、人類が意識進化するための期間限定の学びの場として地球を創造しました。母なる地球という名の通り、地球は女性性のエネルギーで、母性に満ち溢れています。

これまで私たちは戦いを繰り返してきました。幸いにも今、日本では戦争は起きていませんが、学校や家庭や社会など毎日どこかで誰かが争っています。

彼女は、自分の体の中で争いが起きても、ずっと私たちを見守ってくれていました。なぜなら地球は学びの場だから。善悪のジャッジをせず、何があっても愛の目で私たちの行いを受け入れ、静かに寄り添っていてくれたのです。その姿は子の成長を見守る母親そのものです。

しかし、彼女は大きなダメージを受けています。想像してみてください。自分の体の中で、化学兵器が使われたり、人間の重いエネルギーが暴れまわっているのを。それも何十億年もの間絶えることなく。

彼女はやろうと思えばいつだって私たちを見捨てることができました。彼女にも自由意志があり、私たちを見守ることを放棄して、自爆し、私たち人間を滅ぼすという選択をすることも可能でした。けれど、彼女はそうはしなかった。学びの場を提供するという自分の使命を全うしています。

今彼女は自分自身をヒーリングしながら、私たちにも愛のエネルギーを送ってくれています。今回、アセンションというサイクルを迎え、彼女自身も高次元に移行することが最善であり、それが宇宙の大いなる計画だということもよく知っています。アセンションを遂げるために人類と同じように本当の力を呼び覚まそうと覚悟を決めているのです。

私たちが経験することで、多くの情報が宇宙にアップロードされ、宇宙は拡大していきます。三次元というのはドラマティックな世界なので、経験できることがたくさんあります。それは宇宙からすると、とても魅力的な世界なのです。

しかし、私たちはやりすぎてしまいました。

例えば、争うことで学び、その経験を宇宙に還元し続けていますが、争ってもこれ以上学べることはないというところまできてしまったのです。

無駄な争いを終わらせること。これは宇宙からの要望です。

決して争いをしている人が悪だと言っているわけではありません。ただ、もう争う必要がない魂たち、争いによって十分に学ぶことができた魂たちは、怒り・悲しみから卒業し、地球と一緒に上の次元・新たなステージへと上がっていきましょうという号令が、宇宙全体から皆さんへとかかっているのです。

私たちの自由意思は常に尊重されているので、意識進化＝善ではありません。しかし、**今世、意識進化の道を進むことを決めている魂たちは最高最善のタイミングでアセンションや解脱、宇宙の真理などの精神世界にかかわる情報を耳にすることになります。**あなたは生まれてくる前に、今世で学ぶためにシナリオを用意しています。それに沿ってあなたのガイドたち[注1]が、その時々に必要な情報を与えてくれているのです。

地球は長い歴史の中で大きなダメージを受けていますが、その地球を癒すには、まず私たちが自分自身を癒し、平安な心をもち、争いをやめていくことをしなければなりません。人間が

注1　能力を発揮するためにサポートする役目をもつ霊的な存在

愛のエネルギーで満ち足りた状態になるだけで、地球は癒されていきます。

怒り・悲しみなどの重いエネルギーをもっていないか自分の心をよく観察してみましょう。自分と向き合い、エゴを愛で包み込むこと。

その行為は結果的に地球を救うことへとつながります。

地球も混乱している人たちを愛のエネルギーで『大丈夫だよ』と包み込んでくれています。

私たちも母なる星の愛を感じながら、日々穏やかに過ごしましょう。

『意識進化を遂げることができるのか不安に思っている人たちが大勢いますが、あなたの本当の神聖さを思い出せば、必ず上がっていけるので大丈夫ですよ。不安に思うことはないですよ。一緒に上に上がりましょう』と、地球は皆さんに呼びかけています。

解脱して宇宙に戻ったときの感覚

前述したように、今この時代は多くの人たちが意識進化の道に入り、解脱しやすい流れにあります。

解脱したことによって、生まれ変わることができなくなるかというと、そういうわけではなく、望めば生まれ変わることも可能です。ただ生まれ変わる先が地球だけではなく、他の星や神界などの高次の世界へ生まれ変わる方もいらっしゃいます。

解脱後に地球へ生まれ変わりをした場合、輪廻と大きく違うのは、これまで経験した全転生の記憶を保持していたり、最終的に宇宙に還るという天命も理解している状態で降りてきますので、救世主のような役割を担うことになります。

また、自分が全てのことを創造しているという意識を一時的に忘れてしまっていたとしても、その真理を思い出してから体感できるようになるまでのスピードは、輪廻をしている人と比較すると早く、現実世界に心惑わされることがあっても、強い覚悟をもってこの世でのお役目を全うしようと動きます。

ただ、やはり解脱をしてこの地球に人間として生まれ変わることは、ほぼありません。もちろん私自身も解脱の経験はありませんし、この世でその経験をした人にもお会いしたことはありません。ただ、解脱の疑似体験はしたことがあります。


私が初めて宇宙に還るという経験をしたのは中学生の時でした。

ある時、パッと目を開けると私は宇宙に漂っていました。物心ついた時からよく幽体離脱をしていたので、自分が三次元にいないことについて特に驚きはなかったのですが、今までは、神界やいわゆる天国のような世界で過ごすことがほとんどでしたので、『今日はなんで宇宙な

んだろう？』と思いながら、肉体はない状態で意識だけが真っ暗な宇宙に漂っていました。

すでに述べたように宇宙には『時間』というものはありませんが、ゆったりとした『流れ』みたいなものは存在します。

とても静かで、お母さんのお腹の中にいるような感覚です。

見渡す限りたくさんの星が広がっていて、とても美しくて。

宇宙の波動がなんとも心地良く、なぜここに来たのかもわからないまま、しばらくじっとしていました。


しかし、しばらくすると初めて見た宇宙があまりにも雄大で、そこに私一人しか存在していないというのが怖くなり、耐えられなくなりました。

それは自由がほしいと願っていても、いざ自由を手に入れると自分自身の価値が見出せなくなり、あまりにもちっぽけな存在に思えてくるような、無力感と不安というエネルギーが急激に襲ってくるあの感覚と似ていました。

全てを見透かされているような、深すぎて、意識が吸い込まれてしまいそうで、テレビで見たことのある、あの宇宙の映像が虚像であることがはっきりとわかる程、本来の宇宙の波動に圧倒されました。

私はいてもたってもいられず肉体に戻ろうとしました。しかし、身動きがとれず戻ることができません。

いつも幽体離脱をして戻る時は、『私は肉体に戻る』と強い意志を持つと、すぐに三次元へ移動できるのですが、その時は何度意図しても戻れず、その状態がますます私の恐怖心を煽り、パニックに陥りました。

『今まですごい悪態をついて生きてきたけれども、やっぱり親や友人には会いたいし、とにかく私以外の人間に会いたい！』そう思いながら意識の中で訴えていても状況は変わらず……。

意識が完全に宇宙に張りつけられているような感覚だったので、私は地上であまり良いことをしなかったから、良い子になれなかったからその罰として磔《はりつけ》の刑を受けているのだろうと本気で思いました。高次の存在たちを怒らせてしまい、とうとう天罰がくだったと。『自分の意志だけではもう戻れない』そう理解し、徐々に抵抗しようという気力もなくなりました。そして、いつまでこの罰が続くんだろうと途方に暮れ、その静かな世界でじっとしていたとき。ある重大なことに気がついたのです。

それは、自分の意識が張りつけられているのではなく、宇宙全体が自分だということ。自分自身が宇宙だということ。この宇宙と呼ばれるものは自分自身だということです。

今存在しているところから遥か遠くの宇宙にも意識を瞬間的に自由に移動させることができました。

『こんなに広いのに全部自分の意識が網羅してる……』そんなことを考えていると、『よく気がついたね』という祝福のエネルギーが宇宙全体に広がり、とても懐かしい感覚を私に与えてくれました。

そして、『宇宙は私自身で、宇宙は本当の故郷』という記憶を完全に取り戻した私の意識はすっと肉体に戻っていきました。

『なぜこんな体験をしたんだろう……』ぼーっと考えながらまだ完全に戻っていない意識を肉

体に馴染ませ、現実仕様に変えようとしていた時、

『人は宇宙から生まれ、最終的に宇宙に還っていく。この事実を体験することで知ってほしかった』

『この体験をすることで言葉や文字、あらゆる表現をする際にエネルギーがのり、より多くの人に宇宙エネルギーがシェアできる』

『宇宙からのメッセンジャーとしての役割を果たせるようになる』

そんな高次からのメッセージが次々とおりてきました。

宇宙に還る時の感覚は、宇宙に溶け込むとか、宇宙の一部になるという表現が適当だと思います。

自分の意識と宇宙との間に境目がなく、一体になっている状態というのは、本来私たち人間が恐れることは何一つとしてなく、『全てが大丈夫』ということを完全に知っているというような感覚です。遠い昔に自ら封じ込めた絶対的な安心感と無限の力を思い出させてくれるようなそんな貴重な体験でした。

解脱することで、自分という意識がなくなると不安に思っている方がいらっしゃいますが、宇宙に戻っても自分という意識はしっかりと残ります。

しかも、多くの人が解脱して宇宙に戻っていくので、今世で自分自身がその経験をしていなくても、他の意識が経験する全てのことが手に取るようにわかります。

例えば膨大な知識とスキルをもって、難病の患者さんを救うドクター。

リリースする曲全てが大ヒットで社会に絶大な影響を与えるミュージシャン。

見えない存在と人との間に立ち、この世とあの世の橋渡し役となる霊能者。

まるで自分が他の人生をリアルに歩んでいるような、他者の人生が自分の一部のようなそんな感覚を得ることができます。

他者の人生を理解できるようになるのです。

想像してみてください。自分という意識が残りつつ、あなたが今世では絶対に無理だと思っているような仕事を体験して、人一人が一生に経験する以上のものを手に入れることができる。そして、生まれ変わりたいと思ったら、また宇宙から降りて転生していける。解脱とはそういったことが自由自在にできる、とてもワクワクに満ち溢れた現象なのです。

これまでは全ての欲を捨て、体に痛みを与えたり、苦行をしないと意識進化の道に入ることができないと信じられていた時代もありました。

これは現実世界というのはまやかしであり、幻想であるため、過度に欲をもつことによってその現実世界に心が囚われてしまうことを防ぐために行われていたり、実際に体に痛みを与えることで脳波が変わり、ワンネスの感覚を捉えられるような領域に到達することがあるため、こういった苦行が意識進化に入るためには有効だと考えられていたことが理由としてあります。

しかし、今この時代は地球がアセンションするサイクルにあたるため、このような苦行に耐えなくても、自分自身の波動を軽くしていくだけで意識は進化していき、解脱することができるのです。

ここで言う波動を軽くするとは、怒り・悲しみ・苦しみ・表面的な喜びといったエゴを愛で包み込み、自分自身が愛そのもので存在することです。

この話をすると『愛で存在するというのは人間的な感情が無くなるということですか？』と不安になられる方がいらっしゃいますが、確かにエゴに囚われながら生きることが人間らしいと思われている方からすると、それは人間らしくなると言えるでしょう。しかし、人間らしいというのは三次元的な考え方。狭い視野で定義されたものにすぎません。

本来の私たちは本当にそのような存在なのでしょうか。

誰かと戦うことで怒り、何かを失うことで悲しみを覚え、自身の存在価値を見出せず自己否定をし、たまに願いが叶ったら一時的な喜びにひたる。

こういったドラマティックな生き方は、ある時代では魅力的なものと考えられていましたが、意識進化を遂げる魂たちは、この一喜一憂する世界から卒業したいと思っています。

現実に振り回されず、全ては自身で創造していくこと。

そういった生き方の方が、断然魅力的で感動的であるということを知っているのです。

エゴを愛で包み込むこと。

それを大変なことのように、面倒なことのように感じられる方もいらっしゃいますが、『ありがとう』『お陰様で』の精神で生きていくだけで意識進化の道を歩むことができるのです。

昔の修行者がどれだけ体に鞭を打ち、禁欲や質素な生活を常にするよう強いられていたのか。

人間だからこそ経験できる楽しみ・豊かさから遠ざかった生活をしなければいけなかったのか。それをイメージしてみてください。

エゴを捉え、それに感謝し、愛で包み込むことほど楽な行いはないということが理解できるのではないでしょうか。

宇宙の流れにのるためには

地球と共に高次へ上昇していくためには、自分自身の波動を上げることが必要です。波動を上げるためには、自分の中にある怒り、悲しみ、苦しみ、自己否定などのエゴに囚われないようにする必要があります。これらは重い波動のため、感じた時にその都度愛で包み込むことで必ず波動は上がっていきます。手法は多種多様ですが、私はワークをおすすめしています。

ワークをすることで自分自身のエゴを捉え、『大丈夫だよ』『ありがとね』と声をかけ、善悪でジャッジせず、あるがままを受け入れ、本質の光へと還っていきます。

本質の光とは、私たち本来の姿である自信に満ち溢れたエネルギーであり、そのベースは愛そのものなのです。私たちは、あらゆる出来事、一喜一憂させる出来事を使って本当の自分へと戻っていくことができるのです。

重要なのはエゴを感じたらすぐにワークをして愛で包み込むこと。放置して対応を先延ばしにしてしまっては、エゴに心を奪われてしまいます。油汚れと一緒でその時に対処することが一番簡単にエゴと調和をとるコツです。

気をつけてほしいのは、ワークをしなければならないという義務感から生じる嫌悪感への対応です。嫌悪感を抱きながらワークをやっても良い結果は望めないので、この義務感から成る嫌悪感というものも愛で包み込むエネルギーであることを知っておいてください。

ワークをやることに対する義務感・嫌悪感が生まれたら、まずそこに対して『大丈夫だよ』『ありがとう』と声をかけてあげてください。

また、ワークはその時にピンとくるものをやることがポイントです。

初めてお会いするクライアントさんで、『一年以上も同じワークを続けているのに、全く効果が感じられないんです』とおっしゃる方がいらっしゃいます。

私たちのエネルギーは日々変わっていきます。昨日まで有効だったワークが今日は全く惹かれないものになることも少なくはありません。

私たちは愛溢れる自由な存在へと戻っていくためにワークに取り組んでいるのに、惹かれないものを続けるということは大きなストレスを生み、その行為は自分に対する愛も皆無で、自分自身を再び制限のある世界へと誘ってしまいます。

ある特定のワークに固執するのではなく、自分はどのようなワークが有効なのか、リラックスした状態でハートに聞いてみてください。簡単にメッセージを受け取ることができます。

ワーク後は、ワーク前と比較して少しでも心が穏やかになっていたり、すっきりしていたら大成功だと思ってください。

そしてきちんとエゴと向き合った自分を褒めること。

普段の生活の中でも、自分自身を褒めれば褒める程波動は上がっていきます。

人は皆オーラをもっていますが、ワーク前後でオーラは変わります。

オーラとは人がもつエネルギーのことで、視る側は超感覚を使って、その人がもつ特性をカラーや質感で認識します。

波動が重い状態だとそのオーラに影が入っていたり、暗っぽくなっていたり、でこぼこしていたりしますが、ワーク後は波動が上がっているので、その人の特性のカラーが綺麗に発光し、形も整っているのがわかります。

例えば赤のオーラをもっている方は波動が落ちていると赤黒かったり、グレーがかった赤色になりますが、波動が上がると曇りのない色鮮やかなカラーとなり、柔らかい質感へと変わります。

また、ご自身でも波動が上がっていくと体感に変化が見られます。

ワーク後に目を開けると、現実の世界が明るく見えたり、透明感が増したり、柔らかく見えたり、映像のように俯瞰的に見えたり。

さっきまであんなに悩んでいたのに、その事柄について何の不安感もなく、ただ穏やかな意識をもつ自分がそこに存在しているような感覚になることもあります。人によって見え方や感じ方は異なりますが、共通して言えるのは心地良い世界が広がっているということ。

ただ、現実というのは外側の世界であり、まやかしの世界です。そこに意識を向けすぎてしまうとそれは執着となり、新たな重いエネルギーを身にまとうことになってしまいますので、あくまで参考程度にとどめておいてください。

全てはエネルギー　持っているエネルギーが先、現象は後

私は生まれた時から、この世界がピクセルのような粒子の集合体で見えたり、カメラを通して現実を見ているような感覚があるため、現実という名の外側の世界をただの映像でしか認識できません。もちろん感情もありますし、現実に揺さぶられることもありますが、基本的には一瞬でニュートラルな位置に戻ります。

自分では、心が現実を創り出しているというこの世の仕組みをはっきりと認識する見え方はもうこれ以上ないと思っていましたが、波動を上げていくとある時から自分の心をうつし出すミラーハウスの中で生きているという感覚をもつようになりました。

この現実という鏡は、一ミリも逃さず私の心を完璧に投影してくれます。

魂の成長のために心を投影したこの世界で、思う存分経験させてくれるありがたい仕組み。

この完璧な世界を創ってくれた存在たちは本当に素晴らしく、彼らの愛を感じます。

この世の仕組みとして絶対的に言えるのは、**現実と呼ばれるこの世界は心の中にあるエネルギーでしか創ることができないということです。**あなたがそのエネルギーを持つより先に現実が創られたことは、地球が誕生して以来一度もありません。

日常で心が揺らぐような場面に遭遇した時、問題とされることがあなたに起きた時、全ての原因はあなたの内側にあるエネルギーであるということを思い出してください。この世界では、持っているエネルギーによって何を体験するのかが決まります。

つまり、人生に起こる全てのことの責任はあなたにあるということです。

この話を聞くと自分にふりかかる理不尽な出来事も、全て自分に非があるのかと怒りや悲しみがわいてくる方もいらっしゃるかもしれません。

けれど、これは決してあなたを責めているわけではなく、**自分のエネルギーでどんな世界でも創造することができるということなのです。**

これは宇宙からの最高のギフトです。

宇宙から降りてきた私たちは、この世で思い通りの世界を創造し、思う存分楽しむことができます。

持っているエネルギーが先で、現象（現実）は後。

この順番を意識すると、現実という外側の世界に翻弄されるのではなく、心を整えることに注力できるようになります。

一喜一憂した時は現実という外側の世界ではなく、内側である自分の心を見るようにしてみてください。

心が整ったら人生は好転していきます。

私のお客様で自己否定感がとても強い方がいらっしゃいました。自分は周りの人よりも頭の回転が遅く、何の力もないと思い込んでいらっしゃいました。

しかし、その方に自分の心（内側）を見つめ整えながら生活をしていくようにアドバイスをすると、何か良いことが起きる度にそれは全て自分が設定したからとおっしゃるようになりました。

これは自分自身で世界を創っているという完全に創造主の視点です。

口を開けば自己否定を繰り返していた彼女とは全く別人で、顔色もオーラも明るくなり、未来を見据えしっかりと前を向く彼女の姿に力強さを感じました。

自分の心を見ることが習慣になると、この世界が自分のエネルギーによって創られているというのが体感を伴って理解することができます。

そうなると、現実に囚われ一喜一憂することが少なくなります。

一喜一憂のないニュートラルな位置というのはとてもリラックスしていて、穏やかで、心地良い感覚です。

怒りや自己否定をする日常とは無縁で、この世の全ては愛と光に包まれているということがわかります。葉が揺れているのを見るだけで生命の美しさに感動し、愛おしさが込み上げてきます。

波動を上げていくと誰でもそのニュートラルな位置で生活することができるようになるのです。

また、内面が整い、外側の現実世界に投影されるまでの時間は、自分の波動の高さで決まります。波動が上がっていくと具現化も早まります。

ある領域まで上がると自分が思ったことは必ず叶うということが感じられるようになります。

ここで注意が必要なのは体感を捉えることを追い求めていくのではなく、波動を上げることだけに注力するということです。過度に何かを求めるその行為は、時に執着に変わり、その人の波動を著しく下げることになります。

波動を上げていきさえすれば、自分が世界を創っているという意識に辿り着き、いつの間にかその意識で生きることが当たり前になります。一度でもその創造主の領域を垣間見ることができると、その経験は時が経っても忘れることはなく、何が起きても落ち着いた心の状態に戻りやすくなります。

日々波動を上げていくことだけに集中すること。これが意識進化の道にしっかりと入るための近道です。

鏡の法則　嫌なあの人は自分の創造物

誰しも苦手な人や嫌いな人と出会ったことがあるはずです。

しかし、人が誰かに嫌悪感を抱く時、それはあなたの中に嫌悪感と同じような重いエネルギーがあり、嫌悪感を抱かせるような人を創造してしまっているだけなのです。そしてあなたも誰かに嫌悪感を抱かせるようなことを必ずやっています。

例えばこの世は対の世界なので、いじめをする人がいればいじめられる人もいます。いじめを受けた時、『私は絶対いじめなんてしない』と言って怒りを覚える人がいます。しかし、いじめられたその人も誰かの悪口を言ったり、口で言わずとも心の中で非難することをしています。

もしくは自己否定という形で自分自身をいじめています。

それはいじめをしている人と同じレベルの行為で、その日々の行いが外側の現実世界に投影されているだけなのです。

あなたの世界の中にある一喜一憂させる全ての出来事は、あなたのエネルギーによって創造されています。

『幼い時の辛い経験も自分で創り出しているのですか？』と不満を感じる方もいらっしゃいます。たしかに子供の時は波動が高く、『純粋なのになぜ？』と思われるかもしれませんが、子供の時に辛い経験をされた方は前世で同じようなことをしています。

前世での行為を今世では被害者の立場で経験しているのです。前世からもちこんだカルマ[注1]もあなたの波動です。そして、加害者・被害者というように対の体験をして、魂を成熟させます。辛いと思うかもしれませんが、それを学びのために体験するということはご自身で決めてきていらっしゃいます。

しかし、これは決してカルマに囚われて生きていかなければならないというわけではありま

注1　行為のベースとなる感情・動機。又はそれらが自分に返ってくること。

せん。

もともとカルマは悪いものではなく、行為の根底にあるものが返ってくるということの世の仕組みであり、あなたが愛をもって行動を起こすと、あなたのもとには愛が返ってくるのです。この世はシンプルで、愛に満ち溢れた人生を歩みたいのであれば、常に愛をもって行動すれば良いだけなのです。

それだけであなたの世界はとてつもなく美しく豊かなものへと変わります。

また、前世で経験した自身の悪意ある行為が、今世自分に返ってくることに不安を覚えている方も安心してください。

カルマというのは魂の成長を促すためのシステムで、決して罰を与えるために存在しているのではありません。

波動を上げていくと対の体験をしなくとも魂は成熟していきますので、**前世での加害行為と全く同じものを被害者として経験する必要はなくなりますし、経験することになったとしても、大なり小なりと負担の少ない経験へと変わっていきます。**

つまり、あなたの中にあるエゴを愛で包み込むだけで全て解決するのです。

人に嫌悪感を抱いた時は、相手のお顔の横や頭の上辺りにハイヤーセルフの光を見てみてください。どんな人でも、ハイヤーセルフはいます。表面的な姿ではなく、本質であるその人の神聖さに意識を向けると、心は穏やかになります。

そして、その人と出会い、その人から受けた行為から自分が何を学んだのかを捉えてみてください。自分は同じようなことをやっていないか。意図していないか。自分自身に確認してみてください。

そして最後に褒めること。

自分の心の揺れに気づき、愛の存在へと変わっていくという選択は、魂が望む生き方です。嫌いな人から学ぶことは好きな人から学ぶことよりも大きく、それはあなたをより一層輝かせる力となります。

嫌悪感を抱く相手をいきなり許したり愛するというのはハードルが高いかと思います。

そもそもそんな簡単に事が運んだら学びにはなりません。許そうとか愛そうだなんて思わなくても大丈夫です。まずは相手ではなく、エゴに対して『ありがとう』と思うだけで良いのです。

『あなたのおかげで学べたよ。ありがとう』そう心の中で思い、その心で相手に接してみてください。その積み重ねの先に愛や許しの領域があります。

初めの一歩は、辛いと感じるかもしれませんが、『もしかしたら自分もそういうことをやっていたのかもしれない』とふりかえる機会にもなるでしょう。

自然に許しや愛の意識をもつことができるようになります。

最初から相手を『許そう』『愛そう』ではなくてエゴに『ありがとう』の気持ちを持つことに集中すること。

嫌な出来事を嫌な気持ちのままで終わらせないこと。

習慣にしてみてください。

風の時代を生きる心構え

皆さんは「風の時代」という言葉を聞いたことがありますか？　占星術では、二〇二〇年十二月冬至頃から風の時代に入り、人々はこれまでの物質主義的な考え方ではなく、目に見えないものに重きを置くというような大きな価値観の変化が起こるとされています。

この風の時代の始まりというのは、社会は混乱します。私がウォークインしたときに見た嵐のビジョンのように、人の心は揺れやすくなりますが、どんなことが起きても、周りの人に何があっても、常に心は平安であってほしいと思います。

日々テレビで流れているコロナのニュースも一歩引いて見てみることを習慣にしてください。私たちに伝わってくる情報は感染者数や死者数ですが、本当はコロナで救われた命もたくさんあります。

初めて緊急事態宣言が発令された時、学校が休校になったり、仕事もお休みされる方が多くいました。何の言い訳もなく休める。それが生きることにせっぱつまっていた方にとっては休息となりました。そして、本当にこのままの生き方で良いのかを考えるきっかけになりました。

政府がホームステイを呼びかける中、家庭内ＤＶが増加したというニュースもありましたが、子供と過ごす時間が増え、改めてわが子への愛を再認識する人もいました。子供だってそうです。家族の愛や温もりを求めていて、その愛を育むことができた家庭もあります。

決して医療従事者などコロナによって疲弊負担を強いられている方々を、軽視しているのではありません。

今、一生懸命力を尽くしてくださる方々のことを思うのであれば、多くの人の心が平安である必要があります。

この世は私たちの意識によって創られています。そして**人間の意識というものは大変強力で、良くも悪くも意識が向いたものに対して力を与えます。**

コロナに恐怖を感じ、落ち着かない日々を送っていると、コロナというウィルスにどんどんエネルギーを注いでしまい、沈静化は遠のいてしまうでしょう。

地球が高次元へ移行すると私たちが創造したものが具現化するスピードも早まります。何があっても慌てず。一人一人がリラックスして明るい未来を創造しましょう。


嵐のようなこの風を、自分にとって一番良き未来へ進んでいくための追い風にしてほしいと思います。この追い風を使うことで、スムーズに波動を上げることができます。スピードあるこの時代の流れに逆らわずに乗っていくこと。

皆さんが心からやりたいと思えるようなことや、ワクワクするような情報を高次の存在たちは次々に伝えてきます。みなさんはそれをインスピレーションとして受け取ることができます。ピンときたものは、ぜひそれについて学んでみたり、実際そこに足を運んでみたり、行動してみてください。

ピンとくるというのはインスピレーションを受け取っている証拠です。

これまでなんとも思っていなかった神社。

やったこともない楽器。

縁遠いと思っていたビジネス。

なぜピンとくるのか。それはあなたの波動を上げるきっかけとなるからです。

世界がどれだけ混乱していても、惹かれることに敏感でありましょう。その気持ちを大切にしましょう。**あなたのときめきを決して見逃さないこと。**

こんな時代だからとやらない理由を作り、自分の意志にブレーキをかけてしまうのは眠りの道だということを知ってください。

何か困難とされるようなものにぶつかったら、ワークをして愛で包み込むこと。それを繰り返して波動を上げていくと、視野が広くなり、今まで見たことのないような、感じたことのないような素晴らしい世界で生きていくことができます。

日々、あなたの生きたい世界を創造してください。

ハイヤーセルフとつながる

現実に振り回されることなく、幸せに、心地良く生きる。それが私たち本来の在り方です。本質に合った生き方をしている時、人はハイヤーセルフとつながっています。ハイヤーセルフはとても高い次元にいる本当の自分自身です。

ハイヤーセルフとつながっているときはリラックスしていて心に余裕があり、焦りや不安を感じることはできません。

私たちは彼らの分身です。彼らは波動が高すぎてこの世に降りてくることはできないので、この肉体に分身を入れています。

私たちはこの世で経験をする担当で、ハイヤーセルフは私たちが経験しているのを高い次元から見守っています。

そして、私たちに必要な情報をエネルギーで供給してくれているのです。

ストレスを感じていたり、我慢して生きている方はハイヤーセルフとのつながりが弱く、高次からの必要なエネルギーを得ることができないので、心身に不調をきたしてしまいます。代表的なのが鬱状態の人です。必要なエネルギーを受け取ることができないと、エゴの声ばかりに気を取られ、どんどん波動が下がってしまいます。波動が下がると、気分は落ち込み、何をするにしても意欲がわかず、ネガティブなことしか考えられなくなります。

ハイヤーセルフとつながっていると、ガイドや自分をサポートしてくれている存在たちは、豊かな人生を歩むためにはどうしたらよいのかアドバイスをくれます。

つながっている時というのは鋭い感覚をもっている状態で、いろんな情報が自分のアンテナにひっかかり、それがインスピレーションとしておりてきます。

しかし、一喜一憂のエネルギーを強くもっている状態では、低い次元の霊的な存在からのメッセージを受け取ってしまうことがあるので注意が必要です。

低い次元から得た情報に基づいて行動すると、徐々に眠りの道へと進んでいきます。

エゴの声が優位になってしまい、それに慣れてしまうと、低次元の存在とのコミュニケーションをとることが当たり前になり、完全に眠りの道へと入ってしまうのです。そうなるとなかなか意識進化の道に戻るのは大変です。


ニュートラルで平安な心の状態で情報を得ること。

それが最適な情報を得るためのコツです。


リラックスして過ごしていれば、大きくハイヤーセルフとずれることはありません。

しかし、どうやってリラックスしていいのかわからなかったり、リラックスする感覚そのものがわからない人がいます。そこで有効なのがワークです。

常にネガティブなことを考えていると、どうしてもハイヤーセルフとのつながりは弱くなり、高次の精妙なエネルギーを受け取ることは難しくなりますが、ワークをすると普段忙しく働いている思考が穏やかになります。

思考が穏やかになると頭部の中心にある松果体とハートが情報をキャッチし、その情報を精査するという本来の機能を果たすことができるようになるのです。

これからの時代、自分自身でハイヤーセルフやガイドなど高次の存在とコミュニケーションがとれるようになることがとても重要です。彼らの使命はあなたが意識進化していくためのサポートをすることであり、そのためには何が必要なのか全て知っているのです。リラックスして、心を穏やかに保ち、積極的に高次の存在とコミュニケーションをとっていきましょう。

自分が憑依されたらどうしたらいいか

憑依とは霊が人に乗り移ることで、実は私も三年程憑依されたことがあります。

憑依されると、太陽や光、神社や自然など波動が高いものを不快に感じる場合があります。自身の波動と差がありすぎるので不快でたまらないのです。

私も今でこそ積極的にそういった高い波動の場所へ出かけますが、当時はとても苦手でした。体調が悪くなったり、常にイライラしてしまい、その場所に留まることができず、癒されるどころか楽しむという感覚が全く理解できなかったのです。肉体的にも顔から左半身にかけて強い痛みに悩まされ、いくつもの病院を転々としましたが、原因がわからず、このままの状態が一生続くのかとふさぎこんでいました。

私たちには守護霊がついていて、基本的にはその守護霊たちが他の霊をはじく役目を担っていますが、人の波動が守護霊の手に負えない程落ちている時は憑依されてしまいます。

また、憑依されることでその人自身に大きな学びがある時は、守護霊はあえて憑依させるという選択をします。

厄介な霊ほど本人は憑依されているということに気がつきません。私も三年程憑いていましたが、その存在に気づくどころか、自分が憑依されているということなど想像したこともありませんでした。

憑依されるという言い方は被害者のようですが、霊は憑く対象である人が同じ波動でなければ憑依することはできません。つまり、私も憑依されるくらい波動が低かったということです。

もちろん憑依されている間は自分のこの世での役割もすっかり忘れている状態です。

私が憑依の状態から抜け出せたのは、自分の心に意識を向けて生活することができるようになったためです。

『あなたが自分の心を整えることができたらこの長い喪は明け、その先にはあなたが天命を全うすべき新しい世界が待っている』

ある時、高次からのメッセージを受け取り、私は全てのことは自分が持つエネルギーが原因であるということを認めました。そして、自分の中にある怒り・悲しみなどの重いエネルギーを昇華させるために、毎日時間を見つけてはワークや瞑想を繰り返しました。

『こんなことして何になるの？』『むなしくならない？』私の中にいるエゴは何度も私を不安に陥れるように声をかけてきました。昔の思い出や未来の不安。私の心を揺さぶるためにあらゆるビジョンを次から次へと見せてくるのです。けれど、私は自分自身と対峙することをやめませんでした。

ここで変わることは新しい意識で生まれ変わるということ。本当の力を取り戻すということ。そうしなければ今世で天命を全うできないということを知っていたからです。

徐々に高次のサポーターたちが姿を現し、とても温かくて優しいエネルギーで私を包み込んでくれるのを感じました。

子供の頃、私はこの存在たちが大嫌いでした。いつも近くにいるのに、肝心な時、一度も助けてくれたことはなかったからです。どんなに泣いても、頼み込んでも、手を差し伸べてくれたことはなく、ただそこにいるだけで、まるで私が現実に右往左往している姿を高みの見物をしているかのように、馬鹿にされているかのように感じていました。

『絶対許さない』そう彼らに伝えてからは彼らの姿を視る目を閉じ、それ以降は低次の霊しか捉えることをしなくなりました。

久しぶりに再会できた彼らのエネルギー。本当は見捨てられていなかったということ。全ては起こるべくして起きていたということ。一つ一つ記憶を取り戻していくことで力がみなぎっていくのを感じました。

あれだけ騒がしくしていたエゴも駄々をこねている子供のように見え、愛おしくなり、今まで敏感に反応していたようなことも俯瞰して捉えるようになりました。

世界はこんなにシンプルなんだということを感じながら、これまでの人生で経験したことのないような安心感に包まれ、毎日『幸せだなぁ』と思いながら過ごしていました。

そしてある日のこと。

夕食をつくろうとキッチンに立っていた時。突然、『スコン』と肉体から霊が抜けていったのです。

髪の長い女性の霊が見え、そこで初めて自分が憑依されていたことを知りました。

霊が離れた瞬間は、三年もの間背負っていた大きな重しがなくなったので、空を飛べるのではないかと思う程体が軽くなり、あまりの軽さに反射的にその場にしゃがみこみました。

今思えばグラウンディングすれば良いだけの話なのですが、その時はあまりにも浮遊感が強く、思わず身体が動いてしまったのです。

しかし、この憑依という経験も私がこの世に生まれてくる前に決めてきたシナリオ通りの出来事でした。

この経験をしたことで憑依されると身体・精神はどのように変化するのか、憑依された人はこの世界をどう見ているのかを、リアルに知ることができました。それは大きな学びとなり現在の仕事にも活きています。

意識進化の道に入るタイミングで一気にガイドたちが光やメッセージを届けてくれたことも、私にとってはとても感動的な出来事で、同時にそういった存在たちが全ての人についてくれているということを多くの人にお伝えしていこうと思いました。

『魂を成熟させるため、今世では深い眠りに入るけども、意識進化の道に入るその時がきたら必ず私をひっぱりあげてください』

そういう風に生まれてくる前にガイドたちと打ち合わせをしていたビジョンを今も時々彼らは見せてくれます。

最高最善のタイミングで意識進化の道に入るための情報を得ることを決めていたのです。

私が彼らを非難した時も、心から憎んだ時も、どんな時でも彼らは私に光を与え続けてくれました。その光は私が自分自身の心の揺れと対峙し、昇華した瞬間、一筋の光となって私を包んでいた怒りのオーラをつきやぶりました。そしてそれはハートにしっかりと届き、瞬く間に私の全転生へと広がっていき、私を意識進化の道へと導いてくれたのです。ハイヤーセルフやガイド、守護霊は私の誇るべき仲間で最高のチームです。強い絆でつながっています。

もちろんそれは皆さんも同様で、特に意識進化の道に入ることを決めている方のサポーターは、そのための情報を伝えてきたり、意識進化を加速させるためのご縁をつなぐために毎日せわしなく働いていらっしゃいます。

人生には意識進化の道に入るきっかけがたくさんあります。生まれてくる前につくったシナリオの中にちゃんと布石という目印を設定しているのです。それに気がつく人もいれば、スルーする人もいます。私も何度もスルーして生きてきました。しかし、サポーターたちは離れることなくいつも見守ってくれています。

上に意識を向け、彼らの存在を認めてください。

『ありがとうね』と声をかけるとより彼らのエネルギーを近くに感じることができますよ。

子供との付き合い方

今の子供たちは私たちの意識進化を加速させるために多くの情報を与えてくれます。

偽りのない素直な心。

溢れんばかりの好奇心。

無限の可能性を秘めた自由な世界観。

多くの人たちが忘れてしまった大切な意識を思い出させてくれます。


以前私が、新生児室に入った時のこと。

赤ちゃんたちがいるその部屋の中はゴールドの光に包まれていて、とても美しく、異次元の空間でした。

スヤスヤと寝ている子。くりくりした目でこの世界を見つめている子。この世の波動にまだ慣れずに泣いている子。

これからの未来に光を与えてくれる子たちばかりです。

生まれたての赤ちゃんは宇宙のエネルギーがしっかりと残っていて、高次の存在たちも『この子たちはこんなに小さいけれど、人類が意識進化をしていくためにとてつもなく大きな力をもった仲間なんだよ』とおしえてくれて、それがとても嬉しく、私も『よろしくね』と心の中で声をかけたのを覚えています。

子は宝と言いますが、まさにその通り。

もちろん全ての命は平等であり、尊いということは至極当然ですが、子供たちから学ぶことは多分にあります。

私のクライアントさんで教師をされている方がいらっしゃいます。ＵＦＯや霊が視える生徒さんも少なくないようで、『視えるなんてすごいね！』と声をかけると、すごく詳しく話してくれるとおっしゃっていました。

給食の時間になるとスプーンを曲げてしまう生徒さんにも『将来その力を伸ばしてくれる学校があるから大人になったらそこで学んだらいいよ』と声をかけたそうです。

子供の力を否定しない姿にこの方の愛を感じ、とても感動しました。

私の周りにも霊とお話ししたり、オーラが視えたり、霊的感性が豊かなお子さんがいらっしゃいます。精神世界のこともとても楽しそうに話をしてくれます。

私たち大人が気をつけなければならないことは子供の可能性をつぶさないこと。力を封じ込めてしまわないことです。

子供の時はエネルギーが有り余っている状態です。霊感が強いお子さんは、霊的能力をコントロールするのが難しいため、それを封じ込められてしまうとストレスを感じます。

そして、霊が視えたことを大人に非難されると、それは大きなトラウマになります。

愛をもって話を聞いてあげると子供たち自身も自分の個性を大切にするようになり、他者の個性についても理解し、尊重できるようになります。

もちろん特別視しないことも重要です。褒めるのはＯＫですが決してはやしたてないこと。自分だけが特別だと勘違いをし、調子にのってしまいます。

この『自分だけ』という考え方は他者との分離を生み、波動を大きく下げ、この状態が続くと、低い次元に存在する霊としかつながることができなくなってしまいます。

子供に限らず霊的感性が開いている人（サイキックな力をもつ人）で波動が落ちている人は、低い次元の霊からすると、とても都合の良い存在です。彼らは地上で表現をしたがっていますが、肉体をもたないので波動の重いサイキックを探し求めているのです。そして一度つながると自分たちが望む世界を地上で創りあげるために、ネガティブな情報ばかり伝えてくるようになります。

例えば人の心の声が聞こえる力をもつ人が、自分に対する心無い言葉をひろった時、多くの場合ショックを受けます。その時、高次の存在は『あなたの心が投影されているだけ。落ち込むのではなく、自分の心を見つめてごらん』と波動を上げるために前向きな光のアドバイスをくれます。

しかし、低い次元の霊は『自分を非難するものは全て悪。攻撃しなければあなたはどんどん傷つけられてしまう』と、ネガティブな思考を助長させ、波動を下げるアドバイスを伝えてきます。時には相手への攻撃の仕方を事細かく指示することもあるのです。

どの次元とつながりメッセージを受け取るかで、その人の生き方は大きく変わります。ワクワク生きている子供は自然と高い次元とつながるようになります。

純粋な愛で、彼らの好奇心を大切にし、個性を育てていきましょう。

人の本当の姿

以前、瞑想しているとある日本の神さんが出てきたことがありました。

ほとんどコンタクトをとったことがなく、縁もない神さん。『なんでだろう……』と思いながらも特にその時は気に留めることはなかったのですが、瞑想後、ある方向から『こちらにくるように』と高次の存在から声がかかりました。

高次の存在から呼ばれるときは、本来三次元にはないエネルギーを感じ、鈴のような神聖な音が聞こえたり、足が勝手に動いてそちらに歩き出したり、釣り糸で引っ張られるような感覚になったり、彼らは何かしらのサインを出して、対象のエリアに引き付けようとします。

その日も『何があるんだろう』と思いながら呼ばれた方向に向かって歩いていると、そこにはとても古い神社が建っていて、調べてみるとその神社には瞑想中に出てきた神さんが祭られていました。

しかし、本殿にはゴミが散乱していて、全く大事にされている感じもなく、寂しさを抱えているような、悲しみのエネルギーがとりまいているような神社でした。

昔は地元の方々に大切にされていたようですが、時代が進み、人々の信仰心が薄れていき、次第に忘れ去られていったようで、その神社にいらっしゃる神さんもまた自分の力を忘れ、深い眠りについていらっしゃいました。

本来神社の神さんはその土地の磁場調整[注1]や、意識進化をしていく人たちに必要なエネルギーを供給するといったお役目があります。

しかし、そのお役目を完全に忘れていらっしゃる神さんもいらっしゃいます。こういった神社に参拝し、祈りを捧げることは、神社の停滞したエネルギーを活性化させ、神さんにこの世でのお役目を遂行していただくための力となります。

注1　エネルギーバランスを整えること

瞑想の時にビジョンを送ってくださり、この神社に呼んでくださったのも、神さんに再び力を思い出させるために尽力されている神界にいらっしゃる神々です。

神さんに働きかけるというと『人間がそんなことしていいの？』とか『人間にそんな力があるの？』と思われる方もいらっしゃるかもしれませんが、この世界に存在できるのは自分というただ一つの意識のみです。

全てあなたの心の中の投影であり、神社の神さんもまたあなたの心で創られたものであり、あなたの一部なのです。

役割の違いこそあれ、人と神さんの間に優劣など存在しません。

そして、私たちが祈りを捧げ、その神社の更なるご繁栄をお祈りすることは、神さんが一番必要とされている愛のエネルギーを送ることであり、神さんがその愛に触れた時、お役目を思い出すきっかけとなるのです。

愛のエネルギーをシェアすることは特別なことではなく、意識進化の道を歩んでいる方々は皆さんその力をもっています。

私はいつものように参拝して、神社を後にしました。すると、その日の夜に夢でその神さんと神社が出てこられたのです。

出てこられた神さんは『自分の役目や力に気づかせてくれてありがとう』と声をかけてくださいました。印象的だったのが日中見たボロボロの姿ではなく、三次元では捉えられないような波動の高いエネルギーを放っていたこと。神々しく、そしてとても美しくそこに存在していて、計り知れない程の愛と調和のエネルギーで私を包み込んでくれました。
私は言葉にならない感動を覚え、本当の美しさに見惚れながら、これは人間も同じだなと感じました。
どれだけ怒りや悲しみ、苦しみや自己否定感を身にまといながら生きている人でも、その人の内側にはとても神聖で美しいものが必ず存在していて、全ての人は大いなる意識をもった神であり創造主なのです。

その神さんは、今まではボロボロで悲しみに暮れていたけども、自身が目醒めた姿をもってして、人の真の姿は神と同じように尊く美しいということ、そして、その人が望めばいつだってそういった真の姿に戻れるということを教えてくれました。

育った環境やお金があるとかないとか、容姿も性格も全く関係ありません。

今の時代は覚悟さえ決めれば本当に誰でも意識進化の道に入ることができるのです。

難しく考えないこと。その簡単さをあなたが受け入れた時、驚くほど楽に前へ進むことができるのです。

エゴを愛する

本来私たちは何でもできる広い意識を持っていて、何でもできるのが当たり前でしたが、魂を成熟させるには様々な経験が必要になります。

そして、その経験をするためにドラマティックな世界であるこの世に降りてきました。

ドラマティックな世界というのは一喜一憂が堪能できる世界です。

山あり谷ありの人生を歩める世界。

自分がこの現実という世界を創っているのをすっかり忘れて、現実という幻想に翻弄される世界です。

今、多くの魂たちが意識進化の道へと入っていきます。

意識進化の道を歩んでいくと、なんでもできる意識をもち、愛を身にまとった神のような存在に戻っていきます。神のような存在。これが本来の私たちの姿です。


今世で意識進化を遂げる方たちというのは、一喜一憂する生き方に飽き飽きしていたり、この世の制限、苦しみ、窮屈さから解放されたいと強く思っていらっしゃいます。

よくヒーリングでお客様のオーラに触れていると、

『自由になりたいなぁ』

『地球での生活疲れたなぁ』

『宇宙に帰りたいなぁ』

そういった声を刻まれている方が多くいらっしゃいます。

魂は意識進化の道に入ることをちゃんと決めているのです。

しかし、この三次元ではエゴが大きな力をもっているのも事実です。

エゴとは、自分の一部で怒り・悲しみ・苦しみ・不安のエネルギーで成り立っています。

何かやりたいと思っても、『やれるわけないじゃない』とか人を許そうとすると『こんなことされたのに本当に許していいの？』とか意識進化を妨げることをささやいてきたり、過去の自分が傷ついた時のシーンなど不快なビジョンを見せてきます。

それは、トラウマというかたちで私たちをまだ暗いところに閉じこめるためです。

エゴというのは人間の心の中には必ず存在していて、私たちにまだ眠っていてほしいという気持ちを強くもっているため、意識進化の道に入ることを全力で止めてきます。

しかし、エゴは決して悪者ではありません。

ただ構ってほしくて子供のように駄々をこねているだけなのです。

何度も輪廻し、ずっと一緒だったのに急に切り捨てられると思い、焦っているのが意識進化を目指す人の中に存在するエゴの現状です。

私たちは魂を成熟させるために現実という名のドラマを体験してきました。地球は一喜一憂を経験できる壮大なテーマパークで、エゴがあることによって摩擦を生み、戦い、傷つき、多くのことを学ぶことができました。エゴは愛すべき存在なのです。

心からエゴを愛することができたら、これまで『やれない』と言っていたエゴは、『やれるに決まってる』と応援してくれる存在へと変わります。私たちが何かを成し遂げたいという時に大きな力となってくれます。

私たちはエゴが優位だった過去の自分も愛おしく思えるようになります。

時々、私の中にエゴはもういないという方がいらっしゃいます。何不自由なく暮らせていて毎日幸せなので、向き合うべきエネルギーはもうないと。そういった方は注意が必要です。日々波動を上げていっても肉体をもっている以上、エゴは必ず存在します。ご自身の一喜一憂のエネルギーを見過ごしているだけなのです。

それに気づかず、覚醒したと思い込んでいる方はあっという間に眠りの道へと進んでいってしまいます。自分の心に意識を向けてみてください。嫉妬や無力感、支配欲など、一喜一憂のエネルギーがうごめいていることに気がつくでしょう。

エゴが出てくることは悪いことでも恥ずかしいことでもありません。

私の場合、エゴが出てきた瞬間、愛で包み込むことで波動が上がるということを完全に知っているので、『ラッキー』とか『ヨシッ!』という感覚になります。日々波動を上げていくと、エゴは浮上しにくくなるので、出てきた時はこれはチャンスだと思い、俄然やる気になるのです。

私がクラスでお伝えしているエゴを癒すワークでは、自分の中にふてくされたり悲しんでいたりイライラしているエゴを、マスコットのキャラクターのようにかわいらしい感じでイメージするよう誘導します。

そうするとエゴがどんなに不安なことをささやいてきても、エゴと戦うという意識がなくなるのです。

ちなみに私のエゴの色は真っ赤で、ウニのようなとげとげの形をしています。目は釣り目で『ケッ！』と悪態をついてくる、とっても可愛い存在です。

駄々をこねている子供と一緒で愛おしさがこみ上げてきます。

私たちは本来光の存在です。私たちはエゴによってドラマを体験し、エゴによって光に還っ

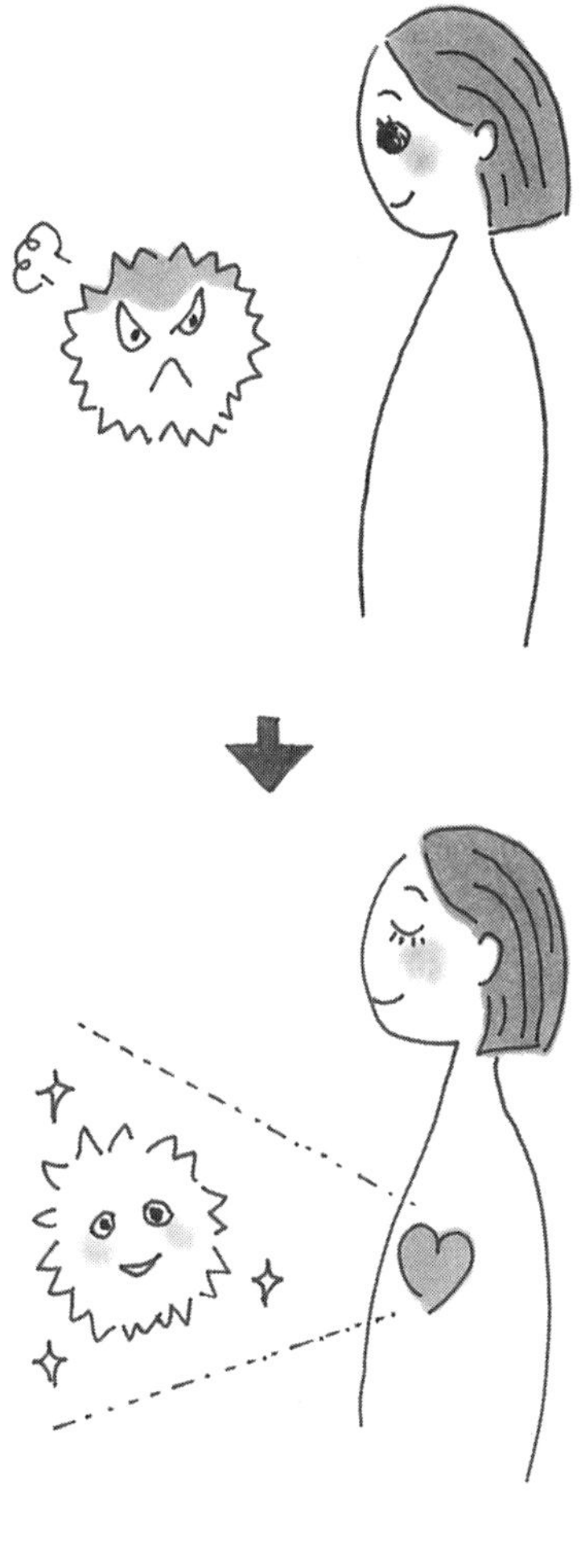

ていきます。『ありがとう』と感謝しながら、優しく、愛を持って接することで荒ぶるエゴのエネルギーも穏やかになり、スムーズに光へと変容していきます。

『もう大丈夫だよ。切り捨てたりしないよ』『一緒に宇宙に還ろう』と心の中で声をかけてあげてください。一緒に本質の光に還るという意識が大切です。

☆主導権は常に自分に

私たちはもれなく創造主です。

自分の意思一つでどんな世界をも創ることができます。

子供の頃、何の恐れも恥じることもなく、大きな夢を思い描いていた方も多いかと思います。

幼少期はこの世に降りて間もないため、波動も高く、自由な世界観を持ち合わせています。

歳を重ねるにつれ、社会という制限のある領域で生きることを強いられ、それが正しいことであるかのように教えられます。

同調することや規律に沿って生きることが『善』であり『優秀』と評され、そこから外れたものは『悪』又は『変わり者』と認識されます。

私たちはいつしか主導権を他人に委ねることに慣れ、自分で世界を創る力をすっかり忘れてしまいました。

他人によってつくられた限られた社会の中で、ここまでなら成し遂げることができるであろうと限界を勝手に決め込み、傷つかない安全な範囲の中で、できるだけ良好な人生を選択して生きています。

しかし、本当のあなたの力はそんなものではありません。


本当にやりたいことは何なのか。

どういう人生を送りたいのか。

どういう人間になりたいのか。


あなたが創造主だということを思い出すために、日々創造することを習慣にしましょう。

朝起きて、ベッドの中で今日一日ワクワク、心地良く過ごしている自分をイメージします。

具体的なイメージがわかない人は、その日の夜幸せな気持ちで眠りにつく自分をイメージするだけでも効果があります。心が穏やかになるのを感じられるでしょう。

あなたが意図した瞬間、その未来は成立しています。未来のエネルギーを先取りすることで、スムーズに自分が意図した世界へと進むことができます。

創造力は使わなければ衰退していきます。

子供の頃にもっていた自由な世界観を思い出してください。

本質のあなたはあの頃のままです。

どんな時でも主導権は自分であり、創造主の意識で生きてください。

第2章

天の章

ワンネスで生きる

私が六歳くらいの時、空にずっと見られているという感覚から抜けられなかったことがありました。

校庭で体育の授業を受けている時も、友人とおにごっこをしている時も、母親に怒られて家を飛び出した時も、誰といてもどこにいても常に空に見られていて、『なんで私のこと見てるんだろう?』と不思議でたまりませんでした。

さらに私を困惑させていたのは、私を見ているその空は自分自身だということです。

肉体をもっている私は地上にいるのに、もう一人の自分がこの広い空にもいる。

広い空にもいるというか、この広い空自体が私自身だということ。

空にいる自分が地上にいる自分を見ていて、地上にいる自分は空にいる自分に見られているという意味不明な現象が何なのか、誰にも相談できず、戸惑いを覚えながら毎日を過ごしていました。

誰にも相談できなかったのは、頭がおかしい子と思われたくなかったから。そして、今の自分の能力ではうまく言葉で表現することができないとわかっていたからです。

ウォークインした時に自分の経験を母親に伝えられなかったあの頃と同じように、私は歯がゆさを感じながらも毎日のように空に向かってこの現象が何なのか問いかけていました。

私の部屋の窓からはどっしりとたたずむ大きな火山とどこまでも続く広い空が一望できます。自然界にも人間と同じように命が宿っているということは物心ついた頃から知っていて、いつしかその見えない存在たちとも仲間意識が芽生えるようになりました。彼らと協働しながら空の奥にある視覚では捉えることのできないエネルギーと自分のエネルギーを交流させながら、空と自分との関係性や共通点を探るという作業を繰り返しました。

その作業は今の仕事にも活きていて、今思えばこの期間は私にとって精神世界を紐解くためのトレーニングのようなものでした。

『あと少しで答えがわかりそうなのに、その少しが遠い』
『こんな日々がいつまで続くんだろう』
『もしかしたら生きている間はわからないかもしれない』
『自分の人生は答えのないものを追い求めるためにあるのか』

そんな不安な言葉が頭を巡っていました。

しかし、ある日突然、その答えを知る時がやってきました。

いつものように空を眺めていて、空とコミュニケーションをとろうとした瞬間、すっと私の意識が空だけではなく、地球をも超え、宇宙まで拡大していき、自分の意識は全ての存在とつながっているということを悟ったのです。

この大地、木々、風、空間といった全てと自分の意識が一体化し、全てが自分であり、全てが一つであるという感覚。いわゆるワンネスと呼ばれる意識です。

全てとつながっているから肉体以外の場所にも自分が存在しているということ。

例えば自分の意識を空間に置くと、空間から見た自分自身の姿が見え、空に意識を置くと、地上で生活している人たちが。

意識を神界に置くと、過去、現在、未来の現象が同時に起き、魂の成熟のためにあらゆる経験をしている人たちの姿が。

宇宙に意識を置くと、アセンションへの動きと、意識進化を遂げる人たちが放っている光が見え、私たちの意識はあらゆるところに点在しているのです。

やっと答えがわかったと安堵していると、自然界から愛のエネルギーがやってきて私を包み込んでくれました。

ちなみにこの『全てとつながっている』という感覚は自然界だけではなく、人に対しても同様のことが言えます。

私は誰かと話をしている時に、ふとした瞬間にその人の視点に切り替わり、その人から見た自分の顔が見えることがあります。

また、無意識に相手の方が歩まれてきた人生や、その方の感情をリアルに感じとるということもあります。

喜怒哀楽全てです。

これは、それぞれの意識が完全につながっているという事実をおしえてくれています。


私はカウンセリングやヒーリングの時はもちろんですが、普段からワンネスの意識で生活をしています。呼吸をする時も、地球と一緒に呼吸をしているような、宇宙と一緒に呼吸をしているような感覚があります。深い愛と感謝の思いがわき上がり、全てが自分の一部という感覚を強くもつので、何かを愛せずにはいられないのです。

ただ、肉体をもつ以上エゴは必ず存在するので、ワンネス意識から外れることも当然あります。その時はまたすぐにワンネス意識へ戻ることを意図します。

このワンネスの意識で生きている時は、何ものにも代えがたい幸福でおおらかな愛に包まれます。これは物質的なものでは得ることのできない絶対的な安息です。

一切の煩いがなく、不足感もそこには存在できません。

日常にいながらこの感覚をもっている時が最大の至福です。

私たちが本当に求めているのは、このワンネスを感じた時にわいてくる愛なのです。

お金が欲しい人はお金が欲しいのではなく、そのお金を得た時の安心感が欲しいのです。

その安心感のベースとなるのは愛のエネルギーです。

この世で物質的なものを求め生活するのは私たち人間の特権です。

しかし、優先すべきものは自身の心の平安です。

物質的なものを得ることが最優先ではないとわかった時、人は無限の豊かさを得ることができます。

この世は幻想であり、私たちの意識以外、実体はありません。

無いものを追い求めても心が満たされる日は永遠に訪れることはありません。

ただそこに在るという幸せ。

そこに気がつくことができれば、最大級の祝福と真の幸福を得ることができます。


波動を上げていくと、誰でも当たり前のようにワンネスの感覚で生きられるようになります。

心が落ち着かなくて、不安症で悩まれている方は肉体ではなく、自然界に意識を合わせ、呼吸

をしてみてください。

その場所に行けなくても森や空や宇宙にいる自分をイメージすると、深く呼吸でき、リラックスできます。

私たちは宇宙という同じところから生まれてきました。それぞれが経験をし、魂を成熟させ、最終的に宇宙に還ることを決めています。

宇宙はあらゆる経験を必要としているので、意識進化の道に入ることが『善』でその道に入らないことが『悪』だなんてことはありえません。

ただ知ってほしいことは、私たちはつながっているということ。一つだということです。

使い古された言葉ではありますが、そう

いうありきたりな言葉の意味を体感することによって、人生は変わっていきます。

この事実をどう捉えるか、この視点に立った時にこの世界をどう見るのか、日常の中で広い意識をもつ人が今よりも増え、自分を認め、自分の一部である他者も認めるようになれば、世界で起きている混乱も穏やかになっていきます。

大きく深呼吸をして、空を見上げてみましょう。

意識が広がり、全てを包み込む力が自分にもあるということを思い出すきっかけになります。

過去・未来の見え方

子供の頃のワンネスの経験は精神世界の一部を垣間見たに過ぎません。

その経験をしたからといって何かが優れているというわけではなく、その経験が必要だからしたという程度のものです。

ただその経験をしたことで、これからどんな人生を歩むことになっても、精神世界を意識しながら生きることになるんだろうという確信をもちました。

当時はこのワンネスの感覚について誰かと語り合いたいとよく思っていました。

霊ではなく、同じ人間に、どういう風にこの現象を捉えるのか意見を聞いてみたいと思ったのです。

しかし、私の周りにはスピリチュアルに詳しい人どころか、この体験を素直に話せる人はいませんでした。

『誰か同じような体験してる人いないかな？』そう霊的な存在に問いかけると『あなたが大人になった時、同じ体験をした人と出会うことになります』というメッセージと共に、その人のイメージをビジョンで送ってきてくれました。

『大人にならないと出会えないの？』と返すと、『あなたは大人になるまで、多くの経験をする必要があります』と一言。それを聞いた私は、心底がっかりしました。

当時私は七歳で、成人するまであと十年以上。

毎日学校へ行って、朝礼に出て、勉強だけじゃなく、遠足や運動会にも参加しなきゃいけない。

そんな日々がずっと続くと思うと、めまいがするほど、その時がくるのは遠い未来のように感じたのです。

『時間をトリップできないの？』とダメもとで聞こうとすると、私がその念を発する前に『大人になるまで、その時がくるまで待ちなさい』というメッセージが。

しぶしぶ断念しました。

あの時の私はその声の主が霊的な存在という程度の認識で、それ以上はあえて追及しようとはしませんでした。そんなことよりもこの面倒な日常を大人になるまでどうやってやり過ごすか、そちらの方が重要だったのです。

実際それからの日々は私にとって修行そのものでした。

未来が見えているのにそれをつかむことができないというジレンマと、歳を重ねるにつれてコントロールできなくなっていく霊的能力への苛立ち。霊だけではなく人に対しても見たくないものが見え、聞きたくもない声が聞こえ、それらは次第に私の世界に不調和なエネルギーを強く与えるようになりました。

常に困難に見舞われるような環境をつくり出し、どこへ行ってもトラブル続き。人が信じられず、人として生まれてきた自分の人生を恨むこともありました。

けれど、その経験を乗り越え、人生における全ての責任を負う覚悟を決め、自分の心を整えることができるようになった時。最高最善のタイミングで霊的な存在がビジョンで見せてくれたその人とお会いすることができたのです。

初めてその方を見た時、私が子供の頃受け取った情報とあまりにもそのままだったので、それがとても可笑しくて。

『ここまでくるのにいろいろあったなぁ』と長く厳しかった時の流れに思いを馳せながら、あの時に大人になるまで待つようメッセージを伝えてくれた存在に『ありがとう』と声をかけました。すると、奇妙なことが起きたのです。

通常、メッセージを伝えると相手方のエネルギーにつながるのですが、感謝の念を飛ばすとその先にあったのは、意識進化を遂げるための一つの目標地点に辿り着いた、今現在の自分自身。

何度『ありがとう』とメッセージを送ってもブーメランのように自分に戻ってくるのです。こんな経験は初めてで、『これはいったいなんなんだろう』と困惑していると、あることに気がつきました。

子供の頃に情報を送ってくれていたのは大人になった未来の私だったのです。

時間というのは人間の概念でつくられたもので、過去や未来は存在せず、全ては同時に起きていると聞いたことがある方も多いと思います。

これは事実で、高次元から三次元を見た時、左から過去・現在・未来がパノラマ状に広がり、全てが同時に起こっているということがわかります。

実際私が神界から地上の様子を見た時、左端には戦国時代の合戦が、右端には超近代的な暮らしが同時に存在していました。

今この瞬間も過去の私が存在しているのがわかります。

空と自分との関係を解き明かそうと、試行錯誤している七歳の私がいるのです。

今私はその子に、大人になったら全てがわかるというメッセージを伝えています。

もちろん未来の私もすでに存在していて、今現在の私というのは、今世でどのように意識進化の道を歩んできたのか、それを振り返っている未来の私の記憶の中に存在しています。

過去・現在・未来の私は、全て今ここに存在しているのです。


トラウマを抱えている人は、過去の自分に光のアドバイスを送ってあげてください。

リラックスした状態で苦しんでいるその子を呼び、その苦しみから卒業できるということをおしえてあげるのです。

あなたの言葉は過去の自分にとって一筋の光となります。

時間には連続性はありません。私たちは瞬間ごとにパラレルワールドといって並行して存在する無数の世界を移動しながら生きているのです。

過去の自分もあなたのアドバイスによって波動の高い世界へ移動させてあげると、今の自分も変わり、波動は上がりやすくなります。

過去の経験によって今の自分は創られています。

経験に囚われることで眠りの世界へ進み、逆に学びとして認識することで意識進化を遂げる世界へと進んでいきます。

どちらが良くてどちらが悪いということではありません。

全てはあなた次第ということです。

人はいつだって変わることができます。

変わることをあなた自身が許せるかどうかなのです。

せっかくこの世に生まれてきたのだから、思う存分この世を楽しんでください。

お盆の思い出

私の地元では、毎年お盆の時期になると迎え火と送り火を焚く習慣があります。

お盆が始まり、亡くなった方が迷わず家に帰ってこられるよう玄関の前で火を焚いてお迎えをし、お盆が終わると、無事にあちらの世界へ帰れるよう願いを込めて送り火を焚きます。

お盆前になるとホームセンターには焚き火用の松の木が並び、子供の頃はそれを見る度に、今年もこの季節がやってきたとワクワクしたものです。

火を焚くというのは浄化の作用もあり、お盆の迎え火と送り火には子供ながらに神聖さを感じていました。目の前の焚き火を見ていると、ふと前世で火を使って儀式をしていた時代に意識がとんでいくこともありました。

提灯《ちょうちん》の灯りも幻想的で、亡くなった家族が家にやってきて、生きる者と一緒に過ごす時間がとても好きで、毎年そのささやかなお盆の行事は私にとって一大イベントだったのです。

私には一つ大切な思い出があります。

まだ小学生だった頃、いつも通り玄関前で家族と迎え火をしていたときのことです。

今年もご先祖さまがやってくるとワクワクしながらゆらめく炎を見ていると、向こうのほうから一匹のトンボが飛んできました。夏なのであらゆるところでトンボは飛んでいるのですが、そのトンボだけは他とエネルギーが違っていたため、『なんでだろう?』とじっと見ていると、私ははっと息をのみました。

なんと、トンボの背中には亡くなった兄が乗っていたのです。

それもすっごい笑顔で。

兄は私が生まれる前に幼くして亡くなっていたので、実際に会ったことはありませんでしたが、毎日遺影に手を合わせ、『行ってきます』とか、『ただいま』とか、『おやすみなさい』と挨拶をしていたこともあり、私にとって身近な存在で深いつながりを感じていました。

毎日話しかけていた兄がミニマムサイズで現れ、私はもうテンションマックスです。

トンボに乗ってやってきた兄は、そのまま開放された玄関から家の中へ入り、仏間の方へと消えていきました。私もすぐさま後を追いかけましたが、兄の姿はもうそこにはなく……。

『お父さんとお母さんにも会わせたかったのに……』そんなことを思いながら、しばらくの間、兄の遺影をじっと見つめていました。


その年のお盆が終わり送り火を焚く日。

『急に帰ってくるからびっくりしたけど、次は大丈夫!!』そう自分に言い聞かせ、私は今までとは比にならないほど全感覚を研ぎ澄まし、トンボに乗ってやってくるであろう兄を玄関で待ち構えました。しかし、いくら待っても兄は姿を現さず……。

『絶対私が最初に見つけるから！』と家族の前で声高に宣言していた私でしたが、結局それが叶うことはありませんでした。

でも笑顔の兄を見て思ったことは、亡くなっても幸せで楽しくやっているんだなということ。

なぜなら、トンボに乗って我が家に帰ってきた兄は、とても波動が高くて自由の身で軽やかで、その瞬間を心から楽しんでいたのです。今でもあの時の兄の笑顔は私の心の中に生き続け、優しく穏やかなエネルギーで私を見守ってくれています。


大切な人が亡くなってなかなかその傷が癒えない方も多くいらっしゃるかと思います。

大切な人が亡くなって涙を流したり悲しむのは当然のことです。それを我慢すると肉体にも精神にも負担をかけてしまうので、泣きたかったら沢山泣いて、悲しかったら思う存分悲しんだほうが良いのです。

ただ、ずっとそういった状態が続いていると意識進化の道に入るのは困難です。

悲しみという重いエネルギーはその道に入ることを遠ざけてしまいます。


皆さんに知っておいてほしいのは、ネガティブな死は存在しないということです。死＝ネガティブなイメージというのは、人が勝手に創り出したものです。

それはどのような亡くなり方であっても言えることです。

死は次のステージへ進むためのこの世からの卒業です。終わりではなくて確実に成長のために死というものは存在します。

亡くなる時、意識は心肺停止の少し前に肉体から抜けるので痛みもありません。肉体から抜けた後はガイドたちのサポートを受けて、上の世界へと上がっていきます。

そして、この上に上がっていく時というのは、この世では体験できないくらいの幸福感を味わうことができます。悪いことは何一つとしてありません。

現に今、亡くなった方とコンタクトをとる時、皆さん穏やかな顔をされている方がほとんどです。私自身もあの世と呼ばれる世界へ時々行くことがありますが、そこにはなんの苦しみも憎しみもない、とても平和な世界が広がっています。

もちろん亡くなった方の波動によって行く世界というのは異なりますが、どの世界へ行っても自身の波動がその世界を創り出していることには変わりなく、亡くなった方がその真理に気がついた時、更なる波動の高いエリアへと上がっていきます。

この世と一緒でまたあの世でも学びが続いていくだけなのです。

魂は永遠に生き続けます。

この一瞬一瞬が未来をつくっています。悲しみに暮れた状態だと明るい未来すら想像できなくなってしまいます。

亡くなった方は悲しみに暮れているあなたを見てどう思うのか想像してみてください。

悲しみはこちらの世界に残された方だけが感じているものであって、亡くなった方は調和のとれた穏やかな世界で暮らしているということを知ってもらいたいと思います。

死に対する考え方が変われば、多くの悲しみのエネルギーが地球上から卒業できます。

睡眠中に私たちがやっていること

皆さんは普段どれくらい睡眠時間をとっていますか？

一日六〜八時間程の睡眠をとったほうが身体に良いという説も耳にしますが、これは一概には言えず、その方の霊的体質によって大きく変わります。

私たちの意識は睡眠中に肉体を離れ、高次元の世界でエネルギーを補給しつつ、人間以外の存在たちと交流をしています。

その交流の中では意識進化をしていくためのアドバイスを受けたり、高次の存在たちが普段どんな仕事をしているかを知るために疑似体験をすることがあります。

私の理想の睡眠時間は十時間で、これは一般的な平均睡眠時間よりも長いほうだと思います。といっても毎日それだけの睡眠をとれているわけではなく、基本的には夜は八時間、昼寝を三十分程とり、エネルギー補給をしています。

私は基本的に昼寝をしないと一日身体がもちません。

常にアンテナを立てて微細な情報をひろっているので、それなりにエネルギーを消耗する体質です。

どれだけプロテクトをはっても自分のエネルギーが外へ流れていくため、昼寝をすることでその日必要なエネルギーを補給しています。

いつもエネルギーの補給タイムに入る時は、オーラがぞわぞわし始め、意識が異次元へ吸い取られるように身体から抜けていきます。高次元へ行ってからは、まばゆい光に包まれながらエネルギーを補給し、その時に会うべき存在たち、例えば宇宙人、神社の神さん、ガイドなどと今後の方針を話し合います。

もともと高い波動をもっていた私たちが、高次元のエネルギーを求めるのはとても自然なことです。

睡眠時間を長くとることに罪悪感をおぼえる方もいらっしゃいますが、眠ることは決して怠惰なことではないのです。霊的に必要だから眠くなるのです。

ただ一つだけ注意してほしいことがあります。それは昼夜逆転の生活を送らないこと。夜は陰の力が強まります。

人は陰と陽のエネルギーをもっていて、簡単に言うと陰は冷静さ、陽は活力を指します。その陰のエネルギーの中でもネガティブな部分が強まってしまうのが夜の時間帯で、普段は何てことのない些細なことでも不安になったり悲しみを抱いてしまうことがあるのです。

また、日中の太陽のエネルギーは私たちの生命活動にとって必要不可欠で、このエネルギーが不足してしまうと、活力が弱まり、鬱々《うつうつ》としてしまいます。

日照時間が短い国の自殺率が高くなるのは、太陽の生命エネルギーを浴びることが少ないためです。

古代から太陽は日本のみならず海外でも神聖な存在として祭られていました。太陽が昇る地平線の向こう側には、この世ではない楽園が存在していたと考える人たちも多く、その偉大な力を求め、その地を目指し旅をした種族もいます。

いくら眠いからといって日中睡眠を多くとり、夜眠れなくなってしまうと、不安症になってしまいますので、夜はしっかりと眠りましょう。

夜勤の仕事をされている方は、一日のどこかのタイミングで太陽のエネルギーを浴びるイメージワークをしてみてください。

額の裏、瞼の裏、ハートの奥と順に燦燦と輝く太陽をイメージして、深く呼吸をしながら太陽のエネルギーを身体とオーラへ十分に巡らせていきます。

これは梅雨時期など雨の日が続いている時でもおすすめです。ふさぎ込んだ心がぱっと明るくなりますよ。

また、目覚めが悪い方は朝晩のグラウンディングを習慣にしてみましょう。

私も目覚めはかなり悪く、朝は私にとって試練の時です。頭が重すぎて、ベッドから出るのに相当の覚悟を要します。

人は朝目覚め、こちらの世界に戻ってくる時に時間と場所の座標をとり、そこに照準を合わせて肉体に戻るのですが、それがうまくいかないと目覚めは悪くなります。

そして、私はその作業が壊滅的に下手なのです。

この世に生を受けて毎朝何十年とやってきても一向に上手くなりません。

時々意識の半分は身体に入り、残りの半分は身体から出ている時もあります。

その瞬間、誰に見られているわけでもないのですが、その姿があまりにもまぬけすぎて、なんともいえない恥ずかしさを覚えます。

そんな私が、日が昇るとともに目が覚めるとまではいかなくても、気持ちよく目覚められるように試行錯誤しながらやってきた中で、一番簡単で効果があったのは朝晩のグラウンディングです。

朝のグラウンディングは、異次元へと離れた意識をスムーズに肉体へと馴染ませる効果があり、そして夜のグラウンディングは、座標がしっかりと定まった状態であちらの世界へ旅立たせてくれるので、朝目覚めた時にこちらの世界に戻りやすいのです。

朝グラウンディングをする時間がない人は身体を軽くたたいてみてください。刺激を与えることで意識が肉体に戻っていきます。

寝室にスマートフォンなどの電波を発する機械を置かないようにすることもおすすめです。電波はこちらの世界に戻ってくるための座標を決める時に邪魔になります。座標決めが甘いとやはり目覚めが悪くなってしまうのです。

また、スマートフォンを寝室外に置くことで、寝る直前にスマートフォンを触るという習慣を終わらせることができます。寝る前にリラックスして過ごすと、十分なエネルギーを補給することができますので、皆さんもぜひ試してみてくださいね。

高次の世界

高次元はエネルギーが細やかで、3Dでは拾うことができない美しい色彩が広がり、立体的に色を捉えることができます。立体的に色を捉えるというのは、3Dの映画を観ている時の感覚に近いかもしれません。全てが浮き上がって見えるのです。

穏やかさや神聖さが満ち溢れ、怒り、悲しみ、執着といった波動は共存することはできず、ただただ愛と調和だけの世界です。

三次元的な制限がないので、本の上に手を置くだけで内容を把握し、理解できたり、行きた

いところにテレポーテーションしたり（本当は空間というものは存在せず、移動という概念もないのですが）、欲しいものを瞬時に具現化できます。

そしてそういった世界には光の縦軸のようなものがあり、それに触れたり、意図することで天気の操作やカルマの解消を促したりと、この世のことを動かすことができます。

高次から三次元を見た時、三次元にいる人たちが何をしているのか、何を考えているのかも一瞬にして把握することができます。

この世の事を動かす際は、その時代・場所・事柄を意図すると、視点はその対象の空間へと移動するので、そこで作業を始めます。

ここで、高次の存在がどのような働きをされているのか、カルマの解消の一例を挙げてみましょう。

あるところにAさんとBさんという人がいたとします。

前世でBさんはAさんに助けられ、今世ではBさんがAさんを助けるという課題（カルマ）があった場合、二人の間につながりをつくるため、高次の存在は出会いのきっかけをつくります。

まず二人が存在する時代↓二人が出会うことになる日時・場所へと焦点を絞り込んでいきます。

そうすると、AさんとBさんの姿が見えてきます。高次の存在の感覚はこの世と一体化しているので、空間から二人の存在を客観的に捉えることができます。

次に今世で接点のない二人の間につながりをもたせるため、どちらかが声をかけなければならないような状況をつくり出します。

例えばAさんとBさんは会社の同僚です。Aさんはとても責任感が強く、今担当しているプロジェクトがなかなか思うように進まず、頭を悩ませていました。

ここでBさんがAさんに話しかけるきっかけをつくるために、高次の存在は動きます。

AさんはBさんのデスクの近くを通る時、書類を落としてしまいます。

Bさんはそれを拾い、Aさんに渡そうとした時、ふと『最近何か悩んでいるのかな？　声をかけてみよう』と直感的に思います。

『最近調子どう？』Ｂさんがそう声をかけると、Ａさんもまた『Ｂさんになら話せそうだな』と直感的に思い、今抱えている悩み事をＢさんに話し始めます。ちなみにこの時の直感もまた高次の存在の働きかけによるものです。

普段は弱みを見せることが苦手なＡさんですが、Ｂさんから言葉をかけてもらったことがきっかけで、今抱えている不安を打ち明け、アドバイスをもらい、Ａさんは無事にプロジェクトを終えることができました。

実はこのカルマの解消は私が実際に神界で研修中に請け負った業務で、Ａさんの書類を落としたのも、話をしてみようと互いに声をかけるよう促したのも、神界にいた私自身なのです。

私が担当したのはシンプルなカルマの解消ですが、実際はもっと複雑なシナリオが設定されます。

カルマの解消だけではなく、生死にまつわることも重要な仕事です。

魂を成熟させるためにベストな環境で生まれ変わるよう手続きをしたり、亡くなった後もその命の波動に合った学びの道へと進めるようにサポートをします。

また、宇宙からの愛のエネルギーを地球に導き、空・風・海・大地などの自然界と動植物や人間たちの間でエネルギーを循環させ、地球という学びの場で滞りなく生命活動が行われるよう、エネルギーバランスの管理もしています。

高次元には多くの存在たちがいらっしゃり、それぞれ担当（お役目）が異なります。一見、人間社会でいうところの会社のようですが、三次元と違うところは絶対的な調和のもと、それぞれがそのお役目を遂行しているということでしょうか。

この世は高次の存在のサポートを受けて成り立っています。というより、この世のことで高次の存在が関わっていないことなど一つもありません。

この世で起こる全てのことは偶然ではなく、必然です。

木の葉がそよそよと風に揺れていることでさえ偶然ではなく、それも緻密な計画のもとに高次の世界が働いているためです。

前述したように睡眠中、意識は肉体を離れ、高次の世界へと移動しています。

記憶を残したい方は『私は高次の世界の記憶を持ち帰ります』と三回唱えて眠りについてみてください。

アファメーションはあなたの潜在意識に働きかけ、あなたの望みを叶える手助けをしてくれます。

戦いをやめていくこと

以前私が家族と会話をしている時、互いにイラッとしてしまい、不穏な空気が流れたことがありました。本当に取るに足らないしょうもないことだったのですが、なんだかひっかかってしまって。

今まで穏やかだった相手のオーラも怒りによって赤黒く、トゲトゲした状態へと変わっていくのが見えました。これは面倒だと思い、私はすぐに目を閉じて『互いに調和のとれた世界へ移動する』と宣言し、自分が抱えている怒りを愛で包み込みました。

すると目を開けた次の瞬間、そこには先程の怒りのオーラなどまったく身にまとっていない家族の姿がありました。

宣言通り、パラレルワールドを移動したのです。

並行して存在している無数の世界をパラレルワールドと言い、私たちは毎瞬このパラレルワールドを行き来しています。

あなたが不快に思うことが起きたらその不快感を愛で包み込み、『私は自分が望む最高に幸せな世界へ移動します』と宣言してください。

あなたを不快にさせたその出来事はすぐに過去のものへと変わります。

過去へ居座るのをやめ、あなたを不快にさせているそのエネルギーを愛で包み込むだけで、自分が望むパラレルワールドへ移動することができます。


私たち人間はずっと戦いの歴史を歩んできました。

その戦いによって怒り・悲しみ・苦しみを思う存分経験することができ、今それを終えようとしています。

私の前世も振り返ってみると戦いの時代を色濃く生きているのがわかります。

私には前世で伊勢で暮らしていた頃の記憶があります。

伊勢にある伊勢神宮は、言わずと知れた日本有数のパワースポットで、年間一千万人近くの参拝客が訪れます。

神社に参拝する時、多くの人が願い事をしますが、人の願い事というのは時に執着となり、その執着の念はその土地の波動を下げます。

しかし、伊勢神宮はこれだけの参拝客が訪れているにもかかわらず、神宮内は一点のくもりもなく今なお神聖な領域として存在しています。

私が今世で初めて伊勢神宮に参った時のことです。

いつものように鳥居の前で一礼をしてご挨拶をすると、私の魂の一部から『ただいま戻りました』という声が聞こえました。

この魂の一部は私の前世で、若い男性なので宮司のような上の位ではなかったようですが、ただただ伊勢を愛し、誠心誠意仕え、自分の一生をかけて伊勢の繁栄に尽力し、亡くなる時はこの伊勢の地でと強く心に決めていた方でした。

しかし、その想いも虚しく彼は伊勢を離れた際、戦に巻き込まれ、最後は伊勢の地を再び踏むことなく命尽きました。

彼はよく当時のビジョンを見せてきますが、亡くなる直前まで彼が思いを巡らせていたものは伊勢に残した自分の家族と伊勢への深い愛でした。

『もう一度伊勢に戻りたい』

私が伊勢に参り一礼をした瞬間に彼の願いは成就しました。

『ただいま戻りました』

この言葉には当時の重く悲しい歴史だけではなく、やっと伊勢の地に戻ることができたという彼の深い喜びがつまっていました。愛と感謝に満ち溢れたこの響きを聞いた瞬間に魂の一部が昇華したあの感覚は今でも忘れられません。

家族や大切なものと離れ、戦に翻弄された彼の人生も宇宙から見ると大きな学びであり起こるべくして起きた現象ではありますが、彼の想いや混乱していた当時の様子を見ていると、今の私たちの生活がいかに恵まれているのかということがよくわかります。

亡くなることは決して悪いことではないですが、命あることに感謝するということはとても大切なことです。

意識進化の道をしっかり歩まれている方で、命あることに対して感謝できない人はいません。

命は尊いのです。


八月というと日本人の多くは平和の尊さを意識するのではないでしょうか。

長崎・広島の原爆投下。終戦記念日。

テレビでも平和への祈りを捧げている方々の映像が流れます。

戦争はもちろんのこと、この世の混乱は全て人々の怒り・悲しみ・苦しみが現実へ具現化した結果であり、私たちはそれを通して学びを得て、魂を成熟させるという形をとっています。

戦争は痛ましい記憶です。

多くの悲しみを生み、今でも私たちの記憶に残ります。

しかし、それと同時に最高の学びでもあったのです。

人が怒りを持ち続けた時、それは戦争のような悲惨な出来事としてこの世に具現化します。

あの大きな戦争で、私たちは争いをやめていく必要があるということを学べなければ、もう人はそれについて学ぶことはできないでしょう。

ただの悲しい出来事で終わらせるのではなく、自分自身が心穏やかに幸せに暮らすことがあなたの世界の平和につながるということを知ってください。

私はあの戦争があったからこそ、もう二度と同じことは繰り返さないと強く思います。

心穏やかではない時、怒り・悲しみ・苦しみなどの重いエネルギーをすぐに愛で包み込むことができます。

もう自分の世界では起こさないと決めているからです。

一人一人の意識がこの世界を創っているということを思い出してください。

無意識の中に戦いはある

私には伊勢と並んでとても思い入れのある地があります。

それは出雲です。

出雲は宇宙のエネルギーが満ち満ちていて、あらゆるところに宇宙へと通ずる場所があります。

その場所からは『今こそ意識進化の道に入る時』というメッセージが宇宙エネルギーと共に私たちの深い意識に向かって発せられています。

宇宙存在は次元を超え移動する際、目的地の座標を設定します。出雲のような宇宙エネルギーと深くつながる地はその座標を設定する際の目印としての役割も果たしています。

以前、出雲である神社に参拝した時のこと。

その神社の主祭神はスサノオさんで、その境内の向かい側にはアマテラスさんが祭られており、スサノオさんとアマテラスさんが向かい合わせに鎮座されているという珍しい神社でした。

大昔、スサノオさんが開拓したと言われている出雲と、アマテラスさんの地とされる伊勢は対立関係にありました。そのことから出雲派とか、伊勢派というような呼び方をされることがあります。その当時の争いの記憶や、その争いによって生じた怒りや悲しみのエネルギーが魂に深く刻印されている方は、出雲派の人は伊勢の地、伊勢派の人は出雲の地へ行くと、体調を崩したり、そもそも全く相手方のエリアには惹かれないということがあります。

私も前世では、伊勢に対する忠誠心をもった時代を色濃く生きていたのですが、それは大昔のことで、今世で特に気にしたことはありませんでした。

私はその神社を訪れ、何となく先にアマテラスさんが祭られている境内に入りました。

しかし、お社のほうに向かっていると、なぜか途中で足が止まり、前に進むことができなくなってしまったのです。

よく見るとそこには結界のようなものがはられていて、その結界も昔からあるものではなく、一時的にはられているものでした。『なんでこんなところに結界が？』と思っていると、お社の前にアマテラスさんが立っていることに気がつきました。

そして、『あなたが先にこちらに参拝する理由はなんですか？』と問われました。

『たしかに。なぜ私はこちらへ先に来たんだろう……』

心を静め、考えていると、私の心の奥底に『自分は伊勢派だからスサノオさんより先にアマテラスさんへご挨拶しなければならない』という思いがあったことに気がつきました。

それは何度も輪廻してきた中で、深く刻まれた固定観念であり、私にとって誓いのようなものでした。

アマテラスさんは『今、日本は表面的には伊勢派と出雲派という戦いは終わっているけども、あなたがたの潜在意識の中では、まだ根強く残っています。

それは、昔のような戦ではなく、この社会の中で現象化されています。

この世ではあらゆるところで毎日戦いが繰り広げられています。それをあなたの世代、今世で終わりにするのです。あなたがたが終わりにするのです。

私たちの間には何の境もなく、ただ一つの存在であり、伊勢派、出雲派という分離した考え方はもう終わりですよ』そう静かに諭すように語りかけてくださいました。

『あー。その通りだな』

私は心から納得しました。

自分の中でまだ、自分は伊勢派だからというこだわり、分離の意識が残っていたことに気づき、しばらくその場から動くことはできませんでした。

スサノオさんよりもアマテラスさんが優位という思い込み。

自分はとうの昔に手放していると思っていましたが、出雲の地でアマテラスさんに参ったことで、分離の極みともいえる出雲への対抗心がわきあがってきたのです。

それは前世の私の誓いであり、生きがいでもあり、時を超え、今世の私自身を縛っていたものでした。

アマテラスさんは先に自分のところに挨拶に来ようとしたことがダメだと言ったわけではありません。

その行動ではなくて、ベースに何があるのか。

根底にどのような想いをもっているのか。

私がアマテラスさんのお社に参ろうとした時、分離というベースを持ってしまったことを指摘してくださったのです。

私はアマテラスさんに一礼すると、すぐにスサノオさんの境内へと向かいました。境内は力強く、そしてどんな思いも全て包み込んでくれるような深いエネルギーが取り巻いていて、その中心にスサノオさんの姿がありました。

アマテラスさんとの一連のやりとりをお伝えすると、優しく微笑んでくださり、改めてこの存在の偉大さを感じました。

そして再びアマテラスさんのところへ行くと、先程まであった結界もなくなっていて、快く受け入れてくださり、私は大きな気づきを与えてくださったことへの感謝と共に、祈りを捧げました。

人は知らないうちに争うことをしています。

アマテラスさんがおっしゃっていたように戦争がなくなった今の時代も、争いを起こすために怒りの火種となるものを探しているのです。

争いというのは分離の極みです。

しかし、それがいくら人の深い意識に根強く残っていたとしても、それが不要なものだと気づくことができた時、人は他者を認め受け入れることができるのです。

そのためのきっかけを、あなたのガイドやサポーターたちは与えてくれています。

幾転生にもわたる怒りや悲しみや、今世で負った深い傷があっても、乗り越えられないものはありません。

なぜなら現実に起こる全てのことは、自分が持っている波動でしか創造することができないからです。

自分で創造したものだから乗り越えることができるのです。

今どれだけ苦しい思いをしている人でも、人生どん底だと感じている人でも、生きていくのが辛くて、生きる意味がわからないという人でも、エゴを愛で包み込むことで波動は上がっていきます。

波動を上げていったら、あなたを困らせるような現実を創造することは出来なくなります。

それがこの世の仕組みなのです。

エゴを愛で包み込むにはコツがあったり、習慣にしていくことは必要です。

しかし、やれないことは絶対にありません。

特にこの時代は、多くの人が意識進化の道へと入っていきます。

だから、その事実を受け入れる準備が整った魂に限ってですが、知ってほしいと思います。

この世界というのはあなた自身のものです。

ねばならないという思い込み

『毎日ちゃんとした一日を生きる』

それはとても大変なことです。

ちゃんと朝起きて
ちゃんとご飯をつくって
ちゃんと掃除をして
ちゃんと子供の世話をして
ちゃんと介護をして
ちゃんと身支度をして

ちゃんと通勤して
ちゃんと仕事して
ちゃんと人付き合いをして
ちゃんと自分の意思を隠し
ちゃんと折り合いをつける

私たちは他人がつくった社会というルールの中で生きています。

ルールは人々の生活が混乱なく営まれるために必要なものもあります。

しかし、行動や心の動きを過剰に制限するようなルールが存在しているのも事実です。

ルールに従い生きていく中で、あなたがこうしなければならないという思い込みによって、苦しい思いをしているのであれば、それが本当に守らなければいけないルールなのか、問いかけてみてください。

リラックスすると、自分に対して愛ある選択ができます。

愛あるあなたが愛ある世界を創造していれば、あなたを縛りつけるようなルールなど存在できなくなります。

私たちはもれなく創造主です。

何かに囚われ、苦しむ生き方というのは不自然なことです。

もちろんそのルール、いわゆる『ちゃんとした生活』によって多くの学びを得ることができたのも事実です。

我慢をする苦しさ、歯がゆさという経験は魂を成熟させるために必要不可欠なものでした。

しかし、意識進化の道を歩む人たちにとっては、そういったものから解放されることが更なる魂の成長へとつながるということを知ってほしいのです。


あなたはあなたが生きたいと思う世界を創造すれば良いのです。


子育てで悩んでいる人も。

身を削りながら働いている人も。

介護疲れで心身ともに病んでいる人も。

最高に幸せな日々を送っているところをイメージしてください。

あなたがやりたいことをやり、行きたいところに行き、自由に伸び伸びと暮らしているところをイメージしてください。そのイメージの中でワクワクしている感覚を捉え、そのまま今の現実を生きてみてください。

今という現実にそのエネルギーを連れて帰ってくることで、望んだ未来はぐっと近づき、あなたが幸せになるための環境が整っていきます。

我慢する生き方から解放された人の目には聖なる光が宿ります。

自由であって良いと深いところで気づくと、本来の姿である神聖な存在へと大きく近づきます。

愛をベースに生きる

この世界は行動の根底にある想いが自分に返ってくる世界です。


愛をこめて言葉をなげると、なげたその人には愛が返ってきて、愛ある世界、心地良い世界が創造されるのです。

そもそも愛とは何でしょう。

愛というものを言葉で語るのはとても難しいのですが、あえて表現するなら感謝・許す・認めるということです。

そして、愛は優しさという柔らかさもありますが、強さも持ち合わせています。

私たちは子供の頃から人に優しくするように教えられてきたので、柔らかい愛は表現しやすいかと思いますが、強い愛はどうでしょう。

強い愛はどういう時に必要かというと、人を叱るときです。

人を怒るときは、ただ単に怒りをぶつければ良いだけですが、叱るというのは相手の成長を促すために相手の心に届くよう語りかけることが必要です。それは、強い愛がなければできません。

人を信じ、見守る時もそうです。

強い愛をもっていないと途中で余計な口出しをしてしまい、せっかくの学びの機会を奪ってしまうことになります。

私のリトリートにいつも参加してくださる男性の方がいます。

虫さんや自然界と会話ができる方で、豊かな感性をお持ちです。

子供の頃、彼は空や宇宙などの無限に広がる世界に心惹かれました。

パイロットになりたいという夢をもち一生懸命勉強をしましたが、夢は叶わなかったそうです。

しかし、そこで彼はめげることなく、飛行機に乗らなくても自力で空を飛べる方法を習得しました。

それは幽体離脱です。

肉体から意識を抜き、自由に空を飛び回るのです。

今では空だけではなく、あの世や宇宙も飛び回っています。

もし彼がパイロットになっていたら、自力で空を飛ぼうだなんて思わなかったかもしれません。

あの世や本当の宇宙（ニュースで流れている宇宙は三次元の宇宙で、人の創造物です）に行くこともなかったかもしれません。

パイロットになるという夢が叶わなかったということを『失敗』として捉える方もいらっしゃるかもしれませんが、彼は失敗するどころか、今多くの人が行きたいと思う異次元へトリップし、それを思う存分楽しんでいます。

彼は本を読むことが好きで、とても知識が豊富です。スピリチュアルなことだけではなく、歴史にも詳しく、いつもリトリート仲間に情報をシェアしてくれます。読んだ本は仲間にプレゼントしたり、食事にも気をつかっているのでお味噌やお漬物などおすすめの食べ物があると皆さんに配っている姿をよく目にします。

そして、そういった全ての行為のベースにあるものは純粋な愛です。なんの見返りも求めず、愛の奉仕をしているのです。おそらく相手の方からの『ありがとう』の一言さえも求めていないでしょう。

彼のオーラは言うまでもなく、とても美しいピンクです。仲間に愛を配っていると、そのオーラはどんどん光を増して、ひときわ強くなります。彼の周りにいる人はみんな彼の愛をもらって元気になります。

そしてその愛をもらった人はまた違う人に愛を配りたくなるのです。

愛をベースに生きると言われても、日常のなかで、『これは愛なのか？』と迷うことがあると思います。

私は『これは愛なの？』と考える時は、自分がもっている思考や行動が美しいかどうかで判断します。

愛がベースであれば美しいバラの花を、そうでなければ黒ずんだバラを高次の存在たちは見せてくれます。

愛をベースに生きるには愛あることを考え、愛ある言葉を発し、愛あることを思う必要があります。

あなたの松果体、喉、ハートに赤いバラがあるのをイメージしてみてください。

各箇所に美しいものを意識すると、愛以外の行動を起こすことは難しくなります。

私たちはもともとは愛の存在です。

愛のエネルギーが満ち満ちている存在です。

それを思い出していくために愛ある日々を送ることを意識しましょう。

食べるということ

普段私は、自分は霊的な存在であるという意識で生活しています。

物事は映像のように見え、自分がこの世界を創造していることを完全に認識しているため、現実で起こる全てのことと私という意識は連動し、何を見てもそれは自分の一部であり、全てとつながっているという感覚があります。

人は肉体をもった霊的な存在です。地球という学びの場で魂を成熟させるために一日一日を過ごしています。私自身も朝目が覚める時、今日も地球という世界で学びの一日が始まったという意識でその日をスタートさせます。

もちろん肉体をもっている限り、人間であることに違いないのですが、一喜一憂のエネルギーを愛で包み込んでいくと、この『人間である』という感覚が薄れていきます。これは怒り・悲しみ・苦しみをもつ状態から抜けていき、神聖な霊的な存在、何でもできる意識へと変容していくためです。

しかし、食べるという行為をしている時は、自分が人間であるということを強く実感することができます。どんな食べ物でも物質である以上波動は重く、それがまた物質である肉体に入り、より重みを感じることで自分には肉体があるということ、人間であるということを思い出させてくれるのです。

世の中には不食の人もいますが、ほとんどの人は肉体機能を維持するためにある程度食べるということは必要です。

しかし、私たちが何かを食べる時、その多くは肉体機能云々ではなく、心の内を満たすために食べるということをしています。

美味しいものを口にし、その幸福感を味わう。誰かと食事をして、その時間を楽しむ。

そういった有意義な時を過ごすことができるのは人間の特権であり、人間で良かったと思える瞬間でもありますが、過剰に食べるということについては注意が必要です。

ストレスがたまっている人、我慢して生きている人は、自分の中にある不足感を、食べた時の満足感、安心感で補おうとします。

過剰に食べることは胃腸に負担をかけ、胃腸が疲れていくと身体全体の不調へとつながっていきます。

そして、身体が不調を起こすと、人はどうしてもそこに気をとられてしまい、鬱々とした気分になってしまいます。

不足感を覚えた時、食べ物を食べても何も解決しません。

食べた瞬間『美味しい』という喜びで波動が上がったとしても、それは長く続くことはなく、あっという間に不足感に満ちた自分へ逆戻りです。

しかし、過剰に食べることで心を満たすことが習慣化している人に『食べてはダメ』と禁止してしまうと、『食べる＝悪』という構図ができあがり、それが達成できなかった時に自分を責めるようになってしまいます。


こんなことでつまずいている自分。

当たり前のことができない自分。

それはとても情けなく、恥ずかしい存在。

否定するエゴの言葉が矢継ぎ早にやってきて、自分を肯定する力はなくなります。


過剰に食べてしまう人は食べることを禁止するのではなく、自分自身を愛で満たすワークをしてみてください。

『私は宇宙から愛のエネルギーを十分に受け取ります』と意図し、あなたの上空からマゼンタピンクの光のシャワーが降り注ぎ、その中で深い呼吸を繰り返します。

吐く息を長くとりながら、その光を肉体とオーラ全体に巡らせていきます。

マゼンタピンクは愛のエネルギーです。

あなたは栄養が不足しているのではなく、自分に対する愛が不足しているのです。

毎日一生懸命生きている人。

責任感が強い人。

自分よりも他者を優先する人。

どうしても自分に意識が向かなくなってしまうので、自分に愛を注ぐのを忘れてしまいがちです。

マゼンタピンクの愛で満たせば、あなたの『食べたい』という強い欲求は穏やかになり、適正な食事量で満足できるようになります。

また、よく噛んで食べるということも意識してください。

噛む回数を増やす。それだけでも食べすぎを抑制することができます。

口のなかにたくさん食べ物がつまっているのにスープや飲み物で流し込んだり、テレビやスマホを見ながら食べるのをやめることも、すぐに始められる改善策です。

食べるということの行為に集中してみてください。

人は波動を上げていくと食べる量は減っていく傾向があります。なぜなら内側が満たされていくと不足感が少なくなるためです。

好きな人ができた時、胸がいっぱいになり、一時的に食事の量が減るのと一緒です。

恋愛も最初の頃というのは、誰かに嫉妬をすることなく、愛されているのか不安になることもなく、ただただ相手に優しくしたいという気持ちから、純粋に相手の幸せを願うことができるので、内側は愛で満たされている状態になります。

愛で満たされると世界はぱっと明るくなり、考え方も前向きで、普段面倒だと思っていることも気にならなくなります。

そうやって毎日をワクワクで過ごしていると不足感がなくなるので、自然と食で心を満たすということが少なくなるのです。

また、波動が上がるということは意識（霊）が軽やかになっている状態なので、物質である肉体が重いと、意識と肉体との波動に開きがあり、乖離した状態になります。

私たちは肉体と意識というのは一体化しているという認識で何度も輪廻してきたため、これが乖離してしまうと違和感を覚えてしまいます。

私たちの本質は意識（霊）であり、最終的にはどの意識（霊）も故郷である宇宙へと帰還します。

波動を上げ、本当の力を取り戻しつつある意識（霊）は、肉体と一緒に上へ上がろうとするので、肉体の波動を軽くするために、過剰に食べ物を取り入れたいと思わなくなるのです。

食事をとるうえで最も重要なのが、感謝していただくことです。

食べ物をいただくということは愛をいただく行為なのです。

例えば、目の前に工場の製造ラインでつくられた添加物入りのおにぎりがあったとします。

食を徹底している人は、人が握ったものではないこと、無添加ではないことに対して、嫌悪感を抱くこともあるかと思います。

しかし、美味しく食べてもらいたいという開発者やお米を作られている農家の方の愛がそこにはつまっています。

そしてそのお米は雨、風、大地、太陽のエネルギーを浴びて生まれてきてくれた存在であり、それらの自然のエネルギーは絶対的に愛そのものなのです。

おにぎり一個ができあがるまで人だけではなく、自然界など目に見えない多くの存在が協働してエネルギーを動かしています。

それはとても崇高なことなのです。

食事をする時は『愛だけいただきますね。ありがとう』と心の中で言ってみてください。

この世は自分の意識で創られています。

この一言で自分にとって必要なエネルギーのみを取り入れることができます。

お金の執着

私たちはこの長い歴史の中で、お金というツールを使って、物やサービスの売買をしてきました。

『お金がないと困る』

『お金がないと生きていけない』

『お金がないと不安』

お金がないこと＝不幸という意識が根付いています。

そしてその強固な意識がまた、お金に対する執着心を生むことになります。

しかし、お金というのはただのエネルギー体です。

今、私はカフェで執筆をしていますが、目の前にあるこの机も、私が座っているこの椅子も、エネルギー体であり、**この世のものは全てエネルギーで創られています。**

私には二つの目があります。一つは一般的な視覚機能によって、物質を捉えるための目。そして、もう一つはこの世界をエネルギー体で捉える目です。

例えば机を見る時。もちろん物質としても見ることはできますが、同時に映画のマトリックスに出てくるような緑色（又は金色）のコードだったり、心電図のような波形として見えています。

子供の頃はこの二つの目を使う力がうまくコントロールできなかったので、よく物にぶつかってケガをしていました。

エネルギー体で見る力が優勢に働いた場合、物質としての認識力が弱まるので、例えば目の前に壁があってもそれが固いものだと認識ができず、そのままぶつかってしまうのです。

お金も同様に緑色や金色のエネルギー体で捉え、全てがただのエネルギーなので特別視することはありません。

特別視しないので執着するということが不可能なのです。

もちろんお金に対して何の感情もないかというと、そういうわけではなく、お金をいただく時もお支払いする時も『ありがとう』という感謝の気持ちはもっています。

ただ、机にも同じくらい感謝の気持ちをもっているのです。

お金に対する執着から解放されるためには『全部同じエネルギー体なんだ』と意図すること

です。

『特別視しない』と意図すると、特別視するほうに意識が向いてしまうので、あくまで同じ存在だと思うことがポイントです。

また、お金以外のものに幸せを見出してみるのも良いでしょう。

お金に集中していた幸せの価値が他のものへと分散していくので、執着がなくなっていきます。

お金の執着がある方に共通して言えることは、自分が豊かであるという事実を知らないということです。

『豊かではない』というのは幻想なのです。

日本はとても豊かなので、多くの人は毎日ご飯を食べることができて、雨風をしのぎ、暖かいお布団で眠ることができます。

蛇口をひねれば当たり前のように水が出てきて、電車やバスにも乗れます。

季節によって服を変え、読みたい本も買えます。

豊かでなければこのような生活はできません。

それでも『リトリートやワークショップに出るにはお金が必要』という方がいらっしゃいます。確かにその通りですが、ここでまずあなたが『自分は豊かである』ということに気がつかなければ、一生『自分は豊かではない』という意識で生きることになってしまいます。いくらお金を費やしてリトリートやワークショップで豊かになるための術を学んでも効果は望めないでしょう。

基本的にお金に対する不安感というのはお金で解決することはできません。

『自分は豊かではない』という思い込みが不安感をもたらし、その不安感がまたネガティブな現実をつくり出していくのです。

豊かであるということを知ること。

お金以外の幸せを見つけること。

これを実践するにはお金はかかりません。コストなしで豊かになる仕組みをつくることができるのです。そして今すぐ実践できます。

『私はとても豊かです』

そう自分の潜在意識へ宣言してみてください。

執着というとお金や人、社会的地位など、対象となる物は人によって違いがあります。

お金よりも人に対して執着心が強い人は、人間関係で執着する機会を現実は生み出してくれます。

現実はとても優しく、私たちがもっているエネルギーを全て体験させてくれます。

不安をもっていたら不安にさせる現実を。愛をもっていたら愛を感じられる現実を。

あなたが何かを手に入れたいと思う時、そこに執着がないかチェックしてみてください。

執着のベースには不安のエネルギーが存在します。そのエネルギーに『大丈夫だよ』と声をかけてあげて、愛で包み込むことで、豊かな現実は創造されます。

魂を癒すこと

今世でエゴを愛で包み込むことが困難だと感じている人は、前世からの影響を強く受けている場合があります。

大きなトラウマとなるようなものを多くの前世で経験すると、それはその人にとって傷となります。その傷というのはかすり傷のようなものではなく、深いところで負っているため、治癒することなくそのまま今世へと影響します。

例えば魔女狩りにあい拷問を受けた時の恐怖心。

多くの人を救うために自分が生贄となった苦しみ。

レムリアを救いたかったのに何もできなかった無力感。

こういった前世の話はスピリチュアルを学んでいる方からよく聞くものです。今世でエゴに心奪われた時、前世の記憶に強く影響されてしまい、エゴを愛で包み込むことができないと主張される方は少なくありません。

しかし、私はあまり前世に過剰にフォーカスすることはおすすめしません。

前世というものは一喜一憂のドラマそのものであり、しっかりと覚えていない分、よりドラマティックに創り上げてしまうからです。

一喜一憂のドラマというのはやはり魅力的なものなのです。

もちろんその方が見ている前世が全て間違っているとは思いません。

重要なのはその内容の真偽ではなく、前世を色鮮やかに感情をのせて語っている時、もうその瞬間にその人はしっかりとドラマにはまっているにもかかわらず、そこに気がついていないということです。

悲しみにうちひしがれ、浸ることを続けてしまえば、その先にある宇宙の愛に触れることはできません。

前世でクリアできなかった課題というのは全て今世にひきついでいます。今ある課題に取り組みエゴを愛で包み込んでいくだけで、意識は進化していくのですが、今世のことに向き合いたくない人は前世というドラマに逃避したり、前世に責任転換をすることもあります。

何か問題がある度に前世のことをもち出したり、自分がやりたいことがあるのにそれをやらない、又はやれない理由を前世のせいにしたりする人は要注意です。

もちろんそれも学びの一環であることに違いないのですが、迷走する分それはロスタイムとなり、最短距離で意識進化の道を歩むことは難しい状態に陥ります。

前世と向き合う時には過剰な思い入れをもったり、過剰にフォーカスするのはおすすめしませんが、前世療法が意識進化を促す一定の効果があるのも事実ですので、『前世もドラマだったんだ』という意識で取り組むのはＯＫです。

『ドラマだったんだ』という言葉はドラマにのめり込むのを防いでくれるので、そういった意識で取り組むことが前世と向き合う時のポイントです。


魂は前世・今世・来世がつまったもので、それぞれの時代の経験が互いに影響しあっています。前世の自分に、『もうその課題はすでにクリアしているよ』と目を閉じて心の中で語りかけてあげると、それぞれの前世が『これってドラマだったんだ。一喜一憂しなくて良かったんだ』という意識に次々と変わっていきます。

前世の意識が変わると、今世の自分も同様に『もう大丈夫なんだ。ドラマに浸ってただけなんだ』という意識に変わり、今世で課題となっていることからスムーズに解放されていきます。

解放された後はすっきりとした感覚と、『何でこんなことに浸ってたんだろう』というように、これまで大切にもっていた一喜一憂のエネルギーに対して魅力を感じることができなくなります。


今世で戦いをやめることを課題としている人は、前世で大切なものを失うということを色濃く経験している場合があります。

『大切なものを守るためには戦わなければいけない。戦わなければまた奪われてしまう』という風に思い込んでしまっているのです。

それが今世に影響してしまい、戦いをやめることがなかなか出来ずにいます。

戦うという言葉はストレートなので、そんなことは自分はやっていないと思う方もいらっしゃるかもしれませんが、素直ではない人、人の言葉に耳を傾けずにつっぱねる人というのは、実は戦っているのです。

他人から言われることに対して、それがもし図星だった場合、自身のプライドが傷ついてしまうので、それが怖くて、最初から否定の意識をもって人と接するという癖がついているのです。

そういう人は戦わなくても大丈夫だという風に魂に教えてあげてください。

『もう怒らなくても、悲しまなくても大丈夫なんだよ。本当のあなたは愛そのものなんだよ』

ということを教えてあげること。

この場合も目を閉じて心の中で語りかけるだけでOKです。

それが魂にとっての癒しになります。

マイトレーヤとの出会い

ある時、京都の嵐山を流れる保津川のほとりで瞑想をしていると、マイトレーヤが現れました。普段はイエスや聖母マリア、セントジャーメインが近くにいることが多いので、珍しいなと思いながら見ていると『いつになったら私に会いに来るのですか？』と一言。マイトレーヤがこんなにも近く、はっきりとした姿で現れたのは初めてで、さらにそこにはイエスの姿もあり、彼からも明日必ず会いに行くようにと諭されました。

マイトレーヤから初めてコンタクトがあったのは一年程前で、今年に入ってからは頻繁につながるようになりました。

そのやりとりの中では、三次元で私たちが会う必要があるということ、そして会う場所も指定されていました。しかし私はなかなか心の準備が出来ずにいました。他のスケジュールを入れる度にマイトレーヤの姿が見え、『また今度伺います』と言って一年もの間、マイトレーヤとの約束を先送りにしてきたのです。

『とうとうその時が来た……』

私は重い気持ちと共にじっと考えこみました。

本音を言うと乗り気ではありませんでした。

なぜなら近々横浜で私が講師を務めるスクールがあり、指定された日は移動日にあたるため、あまり他の予定を入れたくなかったのです。

『面倒だな……』どこかで私のエゴの声がしました。

しかし、本当は魂レベルではマイトレーヤに会いに行く必要があるということ。

そして、エゴがいくら騒いだところで必ず会いに行くことになるというのもわかっていました。

マイトレーヤは弥勒菩薩という名で知られていて、三次元で会う時は京都の広隆寺でと指定されていました。広隆寺の霊宝殿には弥勒菩薩像が安置されているためです。

どうしてこのタイミングで会う必要があるのか。

その理由も理解している自分がいました。

私の深い意識には中間生[注1]を含んだ全転生の記憶が保存されたデータベースがあり、マイトレーヤと今世で会う理由もしっかりと残っていたからです。

この深い意識にあるデータベースは内なる宇宙の図書館のようなものです。そこには無数の本が並べられており、その本には人類の意識進化についての情報が記されています。その時代に必要な情報がこの世にでる時、それが記されている本がカタカタと動き出すようなビジョンを宇宙は見せてきます。

マイトレーヤと初めてコンタクトをとった時も今回会う理由が記されている一冊の本が動き出し、日に日にその動きが強くなっているのを感じていました。

マイトレーヤと対面し、正式に啓示を受けること。

それはこれからの未来にとても重要なことでした。

とはいえ、私にもいろいろ事情があるわけで、私はマイトレーヤとイエスに広隆寺に行くにあたって一切の煩《わずら》わしさを感じないような環境をつくってほしいとお願いしました。

煩わしいと感じた時点でそれはもう私の問題なのですが、重い荷物をもっての移動はやはり躊躇するものがありました。さらに、スケジュール的なことを言うと、広隆寺へ行った後、横

注1　前世終了時から今世、受精に至るまでにいる世界

浜へ行き翌日のスクールの準備をするためには午前中に家を出る必要があります。

私はとても朝が弱く、仕事以外で午前中から積極的に行動できたことはほとんどありません。

『まずは朝起きた時の気分で決めさせてほしい』そう言ってその日のコンタクトを終えました。

『明日はどんな日になるんだろう……』そんなことを思いながら嵐山を後にしました。


そして当日の朝。私は驚きました。

いつもはぼーっとしていて、ベッドから起き上がるだけでも一苦労なのですが、これまで感じたことのないような爽やかさと清々しさで、嘘のように身体がとても軽いのです。

そして、普段は早めに目が覚めると二度寝をしようと再び布団にくるまるのですが、その日は完全に目が覚めてしまっていて、全く眠気を感じられないのです。近くにイエスのエネルギーを感じ、『なるほど。本当に今日行く必要があるんだな……』と改めて確信しました。

しかし、ここで一つ問題が発生しました。荷造りを終えていなかったのです。

私は早起きの次に荷造りが苦手です。荷造りにはそれなりにエネルギーも使いますし、時間もかかります。

前日に終わらせておけばよかったのですが、眠気に勝てずに放置してしまっていたのです。

『荷造りが終わって疲れてたら広隆寺行くのやめようかな……』そんな思いがふっとわいてき

ました。しかし、ちょっとした気持ちのブレも高次の存在は見過ごさず、ここでも全力でサポートをしてくれます。いつも手こずる荷造りもあっという間に終わり、なんなくクリア。全く疲労感もありません。というか荷造りしている時の記憶がほとんどなく、気づいたら終わっていたのです。

人は何かに挑戦する時、できない理由、やれない理由を探す癖があります。大きく変化することを拒むためです。その時の私も無意識に何かやり残したことはないか、広隆寺に行かない理由、行けない理由を探していましたが、何も見つからず……。『これはもう行くしかない。マイトレーヤに会いに』そう決意し、家を出ました。

最寄りの駅で真新しいコインロッカーを見つけ、そこに荷物を預け、最低限の持ち物で電車に乗り込みます。目的地の最寄り駅まで乗り換えがありますが、この日は余分な待ち時間など皆無で全ての電車にベストなタイミングで乗ることができました。

道中もお腹が空いてやる気が出ないなと思っていると、すぐに美味しい団子屋さんを見つけてくれたり、私の気分を盛り立てようと高次の存在たちがずっと上空を旋回しているのが見えました。彼らの無限の愛に感謝しながら歩いていると、手足に電流が走るような感覚を覚え、霊的なエネルギーが広隆寺からきているものだということがわかりました。

『今日は特別な日になるにちがいない』そんなことを思いワクワクしながら歩いていると、立派な広隆寺の門が見えてきました。

広隆寺は渡来人の秦氏が創建したお寺です。本殿に飾られている看板には古代から結界として用いられる五芒星が描かれていて、独特なエネルギーが流れています。

『心地良いなぁ』と思いながら本殿を行ったり来たりしていると、ふと、天井のほうに驚くべきものが飾られていることに気がつきました。

少し話は変わりますが、数日前のこと。とあるジュエリー店に引っ張られるように呼ばれ、そこで象のイヤリングを見つけました。両耳につけると、それぞれの象が向かい合うようなデザインになっていて、お店の方に聞いてみるとインポートもののこと。このイヤリングからずっと霊的なエネルギーが電気信号のように発せられていて、強く惹かれたのです。

ジュエリーを買う時、それが本当に自分に必要なもので、高次からのメッセージが込められていた場合、私は気に入るという言葉では言い表せない程の特別なものを感じます。

それは初めて出会ったのにもかかわらず、これが自分のものだということを『完全に知っている』という感覚です。

そのジュエリーが光を放ちこちらに向かって話しかけているような。

自分とそのジュエリーだけが時間という制限から解き放たれ、地球ではない次元にいるような。そういった感覚を覚えることもあります。

その象のイヤリングも、見れば見るほど愛おしさを感じ、即購入したのですが、なんとそのイヤリングと全く一緒といって良いほどそっくりな象の守り神が広隆寺の本殿に飾られていたのです。

思わずもっていたイヤリングを取り出し、見比べたほど。本当にイヤリングとそっくりな生き写しのような守り神でした。

メッセージ性の強いものは、たとえ手に入れたその時、なぜ惹かれるのか意味がわからなくても、その後次から次へとメッセージがやってきて、最終的に自分が訪れる場所だったり、出会うべき人とつながるようになっています。

『なるほど。今回はこの広隆寺につながっていたのか』

そう思いながら手に取ったイヤリングを身に着け、守り神にも一礼をし、霊宝殿にいらっしゃる弥勒菩薩のもとへと急ぎました。

霊宝殿には飛鳥・鎌倉など、それぞれの時代を代表する多くの仏像が安置されています。

室内は薄暗く、一瞬昼間だということを忘れてしまいそうになるような聖なる静けさがあり、それがより一層参拝客を深い歴史へと誘います。

弥勒菩薩は部屋の中心に安置され、私にはひときわ輝いて見えました。向かい合うように座り、挨拶をすると、すぐに弥勒菩薩と私だけが存在する次元へとトリップしました。

顔の近くで三位一体を現すように右手で印を結び、何かを想う弥勒菩薩の姿は、全ての制限から完全に離れ、一切の俗的なエネルギーを持たない、私たち人間の未来、そして完成形を思わせるようなとても美しいエネルギーを放っていました。

弥勒菩薩は釈迦の入滅後、五十六億七千万年後の未来にこの世に現れ、人々を救済すると言われていることから未来仏として知られています。

その未来仏の名の通り、この広隆寺の弥勒菩薩像は遠い古《いにしえ》に誕生したにもかかわらず、とても近代的なエネルギーが込められていて、未来からやってきた救世主そのものを現しているようでした。弥勒菩薩の背景には高次元の宇宙が広がっており、その姿に見とれていると、どこからともなく弥勒菩薩の声が聞こえてきました。

まずやってきたのは『やっと会えましたね』という言葉。

そして、『今から未来の話をします』という言葉を皮切りに、次から次へと私の額の裏側にビジョンが映し出されました。

その内容は、仏教の世界では弥勒菩薩が釈迦の入滅後、五十六億七千万年後の未来にこの世に現れ、人々を救済すると知られているが、この救済行為は地球のアセンションを意味しているということ。

二〇二二年以降、これまでにない程の大きな流れが宇宙からやってきて、その波に乗って、最高最善の未来へ進むためには波動を軽やかにする必要があるということ。

このタイミングで重いエネルギーをもっていると、波に乗るどころか、波に呑まれて沈んでしまうということ。しかし、どのような未来を経験しようとも、それは魂を成長させるべき大きな学びであり、宇宙からやってくる最高のギフトであるということ。

そして、そのアセンションの時期が今ここにきて早まっているということ。

これらのメッセージはその時に初めて受け取ったというより、『知っていた』という感覚に近いものでした。私は自分のブループリントの中に意識進化の道に入るきっかけや情報を布石のように設定しています。もちろんこれは私だけではなく、皆さんにも言えることです。

私はアセンションの時期が近づいたら弥勒菩薩からメッセージを直々に受け取るということ、そしてアセンションの疑似体験をすることをブループリントの中で組み込んできたのを覚えています。

私がアセンションの疑似体験をしたのは二〇二一年のことです。

これまでも死後の世界に行ったり神界へ行ったり解脱の疑似体験をしてきましたが、アセンションの疑似体験というのはこれまで経験したどの疑似体験よりも強烈なエネルギーで、こちらの世界に帰ってきても宙に浮いているような、深い夢の中にいるようなそんな感覚がずっと続いていました。

今回の弥勒菩薩からのコンタクトは、人類が待ち望んでいたその時がいよいよやってくることを意味しています。

アセンションの時期というのは変則的なもので、人類がどの程度、意識進化をすることに対して強い意思をもっているかで変わります。

早まったということはそれだけ、その道へ進む人たちの意思の強さ（光のエネルギーの総量）が増幅し、アセンションのスピードを加速させていることを意味します。

アセンションが早まっているというのを聞いて、不安に思われる方もいらっしゃるかもしれませんが、全ては良くなるために起きています。何も恐れることはありません。不安を抱えているということを認めることができた自分をほめて、その不安な心に『大丈夫だよ。感じさせてくれてありがとう』と声をかけてあげてください。

地道な作業ですが、あなたが望む未来へ進むためにとても大切なことです。

何があっても『楽に楽に。easy に』とハートに声をかけること。

そして深く呼吸をするだけで日常の不安は光へと変わっていきます。

弥勒菩薩も私たちを脅かすために、このメッセージを伝えてきたのではありません。

アセンションが本格的に始まるという情報を愛と共に未来から知らせにきてくれたのです。


ちなみにマイトレーヤは弥勒菩薩以外に宇宙人の姿で私の前に現れることがあります。

宇宙のように深みのある黒色で、その色は高貴で美しく、超近代的な材質で創られた肉体をもち、未知なるその存在はいつも次元を超えて遠い未来から情報を送ってくれます。

地球のアセンションというのは地球だけの問題ではなく、宇宙全体に大きな影響を及ぼします。対の体験を思う存分できるこの地球という星は、魂の成長の場としては最高の環境が整っています。その星が次元上昇して新たなステージへ進むことで、宇宙全体は更なる成長を遂げることができるのです。

今この瞬間を生き、できることをやっていくこと。

それが全ての存在が成長していくために必要なことです。

時空をこえてやってきた存在

私が七歳ぐらいの時のこと。

母と大喧嘩して（というか一方的に私が怒り）家を飛び出したことがありました。

私の自宅前には小さな公園があり、喧嘩をする度にいつもそこに駆け込んでいました。

玄関を出るとすぐ目の前にその公園に続く階段があり、そこを上っていくと、狭い敷地にはブランコや滑り台、相撲をとる土俵があります。

夏のラジオ体操やお祭り、十五夜などの地域行事の時は賑やかな雰囲気なのですが、普段はあまり人が来ず、静かでこぢんまりとしています。

どれだけ怒りで興奮していても、いつも一通り怒った後は寂しくなるので、すぐ家へ帰れるように、そして、母が心配して私のことを捜しに来てもすぐ見つかるように、その公園が私の大切な居場所でした。

人は生まれた時から愛を欲しがります。私たちがもともと愛の存在であることは確かなのですが、波動を落としてこの世に生まれたと同時に、不足感が生まれ、その不足感を埋めようと愛を求めるのです。

喧嘩の理由は些細なことで、本当は母にただ『ごめんね』と言って迎えにきてほしかっただけなのですが、当時の私は今よりももっと未熟で、『絶対私は悪くない』『絶対私からは謝らない』と、生意気なことを考え、いつものようにブランコをこぎながら自宅の方をじっと見つめていました。

すると、ふと階段下に目を向けると、ひょっこりとこちらをのぞいている母がいることに気がつきました。なぜかその表情はとってもにこやかです。

先程の喧嘩で怒りがおさまらない私は、『何しに来たの？』『謝りにきたの？』と上から目線で声をかけます。

でも、母はただニコニコしているだけ。

『何笑ってるの？』『バカにしてるの？』と聞いてもニコニコ。

どんどんイライラがたまっていきます。

しかし、それと同時に強い違和感も覚えました。

よく見てみるといつもの母と違うのです。

髪は七：三の横分けにパッチンどめ。

服はちびまるこちゃんが着ているようなジャンパースカート。

『今時そんな恰好している人いる？　なんのコスプレ？』

そんな考えが浮かびました。

『なんでそんな服着てるの？』

『そんな服もってた？』

『その髪型どうしたの？』

次から次へと質問をなげますが、母はただ笑ってこちらを見ているだけで、何も答えません。

イライラがピークに近づき『さっきから何なの？　バカにしてるの？』と母に怒りをぶつけます。

そして怒りが頂点に達しようとしたその時『バイバイ』と言って、母は手を振り帰っていきました。

もう私の怒りはマックスです。

ブランコからジャンプして飛びおり、猛ダッシュで階段をかけ下りて、自宅にかけこみました。するとキッチンには、エプロン姿で料理をしているいつもの母がいました。

私は息を切らしながら『さっきの何？』と声をかけます。

『何が？』と母が返すので、『さっき公園来てたでしょ？　変な恰好して』と聞くと『何言ってるの？』と呆れ顔で相手にしてくれません。

『嘘つき！』怒りにまかせてその言葉を発しようとした瞬間、私ははっとして、そのまま口を噤《つぐ》みました。母はこの数時間、家からは一歩も出ていないということ。

私が家を出てからずっとキッチンで家事をしていたということ。

それがビジョンで見え、嘘をついていないということがエネルギーレベルでわかったのです。

頭の中はクエスチョンマークだらけです。

さっきまでの怒りはどこかへいってしまい、『あの女の子は誰だったんだろう？』『母は母だけど何かが違う……』

あの女の子の顔が頭から離れず、その日はずっとモヤモヤしながら過ごしました。


そしてその数日後。

押し入れのほうから何かを感じ、覗いてみると、年季の入った分厚くて大きな本のようなものがあるのを見つけました。

『なんだろう？　こんなところにこんなのあったっけ？』そう思いながら開いてみると、そこには母方の祖父の写真が貼られていて、それが母のアルバムだということがわかりました。

私の知らない若かりし頃の祖父はとても端整な顔立ちをしていて、『おじいちゃんてかっこ良かったんだなぁ。すごく紳士的で素敵』そんなことを思いながら、なんとなく眺めていました。

もともとは白かったであろう台紙も茶色いシミがついていて、どの写真も色褪せ、時代を感じさせるようなものばかりで、気を抜くと写真の中の遠い昔にトリップしてしまうような、そんな不思議なエネルギーを感じていると、あるページで手が止まりました。

本来いるはずのないものが写っていたからです。

七：三の横分けパッチンどめに、ちびまるこちゃんみたいなジャンパースカート。

あの優しい笑顔。

公園で私が怒り、声を荒らげても、ずっとニコニコした笑顔でこちらを見ていたあの子です。

それは母の小さい頃の姿でした。

ちょうど当時の私と同じくらいの年頃で、今の母の面影がしっかりと残っていて、数日前に公園で会ったあの子のままです。その写真から情報を辿っていくと、どうやら彼女は昼寝をしている時に幽体離脱し、現代へとやってきたことがわかりました。彼女自身は夢の中の出来事として捉えているようで、目が覚めた彼女がその後、家族と楽しそうに食卓を囲んでいるビジョンが見えました。

私が母は母だけどいつもの母じゃないという感覚を覚えたのは、彼女が遠い過去のエネルギーを身にまとった、時空を超えてやってきた存在だったから。

彼女の身体の質感は物質よりも柔らかく見え、もっているエネルギーも人間とは全く違うものでした。柔らかく見えたのは彼女の意識、肉体の中にある霊だけが現代にやってきたためです。

霊は物質ではないので、周波数が高く、柔らかさを感じるのです。

そのため、あの公園でのやりとりを誰かが見ていたとしても、彼女の姿を捉えることはできなかったでしょう。

私はいてもたってもいられず、そのアルバムを手に取り、母に報告しましたが、案の定全く信じてもらえません。でも、母が信じてくれなくても、きっとこれから先誰にも信じてもらえなくても、そんなことはどうでもよくて、ただただあの子という存在が時空を超えて私に会いに来てくれたという事実が嬉しかったのです。

たくさんの世界がこの世には存在して、過去も未来も全て同時に起きていて、どこにでも行けるし、いつでも私は自由なんだということを再認識した出来事でした。

もちろんこれも、自分自身でブループリントに設定した、意識進化のための布石の一つです。

あれ以来、彼女と対面はしていませんが、今もあの女の子が生きている時代、そして、あの公園で母を待っている私はたしかに存在していて、全てがつながっているということがわかります。

私がこの話を書こうと思ったのは、ただの不思議話をしたいわけではなく、世界は無限だということに気づくきっかけになればという思いからです。

今見ている現実はほんの一部にしかすぎず、その狭い世界だけを見ていると、あなたの本当の力は目醒めることはありません。もちろんどのような選択も学びであることには違いありませんが、この本を読まれている方々はご自身で人生をクリエイトしていく方々です。

無限の世界が存在するということは、無限の可能性をもっているのです。

視野を広げ、包含した意識で物事を見ること。

そのためには日々、異次元のエネルギーを感じ、意識を広げていくことが重要です。

瞑想やイメージワークをしていると、そういった異次元という世界を捉えやすくなり、徐々に意識が広がっていきます。慣れてくれば瞬時に、現実と異次元を行き来したり、同時に生きるということができます。

同時に生きるというのは、現実を見ながら無限のパラレルワールドや神界や宇宙を捉え、今全てがつながっているという感覚をもつということです。

その感覚をもつと、あらゆる世界から情報を受け取ることができます。

これは夢物語ではありません。

今の時代、あなたが日々波動を上げていくだけでそういった生き方ができるのです。

私たちの本当の姿は宇宙です。

意識進化の道を歩むことで、この現実を生きながら愛ある宇宙へと戻っていきます。

それが善だとか正解だとか言いたいわけではありません。
ただ、自分がどう在りたいのかということを確認してみてください。
今のあなたがこの世界を創ります。
いつだってあなたは創造主なのです。

☆無価値感という幻想

多くの人は無価値感をもって生きています。
無価値感は文字通り、自分自身に価値がないと判断してしまっている状態です。
しかし、それは真実ではありません。
自分が宇宙そのものになったような広い意識をもって考えてみてください。
価値がない人がこの世に生まれてくることはできません。
この世に一つの命を生み落とすのに膨大なエネルギーと時間を必要とします。
しかも、地球は喜怒哀楽を思う存分体験できる場所なので、大変人気のある星です。
地球で生活をしたいと思っている存在は数知れません。
あなたがこの世を生き、学ぶことで宇宙は拡大していくのです。

あなたが生きることで宇宙は助かっています。

あなたは素晴らしい使命をもっているのです。

それでもあなたは他人と自分を比較し、自分が劣っていると思い込みます。

しかし、この世はあなたという意識しか存在することはできません。

私たちは生まれてくるときに、一つの世界を与えられます。その世界にはあなたしか存在できず、それ以外の人はあなたの心が創り出したものなのです。

あなたが好きな人も苦手な人も、皆あなたの創造物であり、あなたは創造主なのです。

この世界には自分しか存在できず、自分は創造主であること。

あなたはそれを認めるだけで、これまでと全く違った人生を歩むことができます。

第3章

愛の章

セルフチャネリングについて

現在私は大阪と東京でセルフチャネリングクラスを開催しています。

私がこのクラスを始めようと思ったきっかけは、自分自身で心を整え、高次からのメッセージをおろせる人たちを育てるよう高次から依頼がきたためです。

これからの時代は霊能者やスピリチュアルカウンセラーなど特定の誰かではなく、自分自身でメッセージをおろすことがとても重要になってきます。

今後、大きな流れが宇宙からやってきます。意識進化の道を歩む魂たちは、この流れに乗って自分自身で道を切り開き、霊的意識を開花させていくことになります。

ここでいう霊的意識の開花とは浮遊霊が見えるなどの類のものではなく、高次とつながり、自分の中にある絶対的な大いなる宇宙の力を取り戻すことです。

必要なことは何でもできる意識、神的な意識を取り戻すのです。

近年、多くの人が自分が生きている意味を探求し、これまで生きてきた世界がいかに窮屈だったのかということに気づきつつあります。眠っていた神聖な力が動き出したのです。自由であって良いということ、大切なのは自分の心に正直になるということを知り、意識変化を遂げる魂たちは様々な手法でエゴと向き合い、波動は上がっていくでしょう。

しかし、行き詰まりを感じている人も多く見られます。

アセンションや意識進化についての情報が錯綜し、自分にとって必要な情報の識別ができないためです。

その行き詰まりを感じている人に対して、高次の存在とコミュニケーションをとれるようレクチャーすることが私が担っている役目の一つです。

お客様の中には次のステップに進みたいけれど、その糸口がなかなか見つからず、意識進化の道をどう歩めば良いのか迷われている方や本当に意識進化の道をしっかりと歩めているのか不安で、ご自身の波動状態を視てもらいたいという方もいらっしゃいます。

自分の波動状態を人に尋ねるという、この行為のベースには不安というエネルギーが存在していますが、ある程度の波動領域に達すると、自分がその道を歩めているかどうか、誰かに確認したいという気持ちが全くなくなります。

これは意識進化をしていくために一喜一憂のエネルギーは愛で包み込むという揺るぎない心が確立されていて、それ以外の選択、それ以外の生き方を残していないということを深い意識で完全に理解しているためです。

エゴを愛で包み込み、宇宙の真理に基づいて現実を捉えることを習慣にすると、一喜一憂するようなことが起きても慌てず対処できるようになります。そして次のステップに進むためにやるべきこと、会うべき人についても高次の存在がおしえてくれるので、その導きを辿り、学びを深め、また日々波動を上げていくことができます。

ここで重要なことは次のステップに進むための糸口を自分でおろすということです。高次の存在とのコミュニケーションをとることができなければ、その糸口を見つけるのは困難で、変わることのできない自分にジレンマを感じ、焦りが生まれます。

焦りが生まれると、そのエネルギーは現実へ投影され、更なる迷走の道へと誘われてしまいます。

チャネリングを上達させるためには、エゴを愛で包み込むこと・グラウンディング・チャネリングの習慣化が必要です。

エゴを愛で包み込むと波動は上がり、高次の精妙な波動に触れることができるようになります。

波動が上がると、体感が軽くなりますので、どうしても足元が弱くなります。

この時に重要なのがグラウンディングで、これを怠ると大きな流れがやってきた時に激しく一喜一憂してしまったり、心を平穏な状態へ戻すために時間がかかってしまいます。エゴを愛で包み込んだ後は必ずグラウンディングをしましょう。

一喜一憂している時はどういう時かというと、現実を見た時に『良いことが起きている』又は『ただ起きているだけ』と思えない時です。

この世の全てのことは宇宙からの愛のエネルギーによって現象化されたもので、一般的にはひどく悲しいことでも、その現象の背景には大いなる宇宙が存在します。その現象をもとに魂が成長していくよう宇宙はお働きになられているのです。全て大いなる宇宙の計画のもとに起きており、それは完璧であり、魂の視点からすると大変喜ばしいことで『良いことが起きている』のです。

そして、『ただ起きているだけ』というのは決して、その現象に対して無関心ということではありません。現実は水のようにとどまることなく流れていきます。それは生命を磨くための流れであり、この流れによって私たちの魂は成長していきます。流れていくものに対して必要以上に意識を向けてしまうと、今ここに在る幸せに気づくことはできません。人は深くリラックスしている時、『良いことが起きている』『ただ起きている』というように宇宙的な大きな視点で現実を捉えることができるのです。

エゴを愛で包み込むこととグラウンディングと並んでかかせないのがチャネリングの習慣化です。

高次の存在とのコミュニケーションが難しいと感じる大きな理由は、チャネリングの回数の少なさにあります。

人と高次の存在との間に、コミュニケーションをとるための光のコードがあるのをイメージしてみましょう。

スムーズにコミュニケーションをとれる時、この光のコードの輝きは強くなります。

高次の存在たちは私たちと話したいという思いが強く、常に何かしらのメッセージを送ってくれていますが、私たちが上に意識を向けないと、つまり話す意思がないと、この光のコードが、十分な光を発することはありません。

上から下にエネルギーが流れているだけなので、いわば高次の片思い状態です。

人が上に意識を向け、双方の想いが通じあった時、この光のコードは輝きを増し、意思疎通がスムーズにとれるようになります。

また、高次の存在たちはビジョンや言葉、香りや感覚など様々な方法を使ってメッセージを伝えてくれますが、『こういうメッセージの時はこういう方法で伝えてもらったほうがわかりやすい』など、よりスムーズにコミュニケーションをとることができるように彼らに提案することも、チャネリング上達のコツです。

人間関係と同じで相手に任せきりではなく、意思表示をすることは信頼関係を築き上げるために大変重要なことなのです。

私はクラスの中で質疑応答の際、チャネリングの習慣化を徹底するために、あるルールを設けています。それは、質問する前に必ず自分で高次の存在に尋ねるということです。

答えがわからなくても、問いを投げることでつながりは強くなります。

高次とコミュニケーションをとることが習慣になると、高次との距離はぐっと近づき、自分にはチャネリングはできないという思い込みがなくなっていきます。この世では、その人自身が出来ると確信し、やることを許可したものは何でも実現できるのです。

エゴを愛で包み込むこと、グラウンディング、チャネリングが習慣化すると常に高次の存在とつながっている感覚を得ることができます。常につながっていれば、自分がさらに成長していくためにどう動けばよいのか面白いほどわかります。**人に話しかけるのと同じように高次にも話しかけてみる。**この意識がとても重要です。

カウンセリングを受ける時の心構え

私は意識進化を加速させるためにスピリチュアルカウンセラーなどにアドバイスを求めることは良いことだと考えています。新しい気づきに出会い、成長するためのきっかけとなるためです。

あなたが惹かれるということは、あなたの求めているものをその人はもっています。たとえその人が話していることが今の時点でわからなかったとしても、そこに意識を向けると徐々に魂レベルまで理解は深まっていきます。

カウンセリングやクラスなどで高次の存在からのメッセージをお伝えすると、数か月後に『やっとあの時のメッセージの意味が理解できました』と言われることがよくあります。

自分自身と向き合い、波動を上げていくと、そのメッセージの真意を深いところで捉えることができるようになるためです。霊的意識が上がり、また一つ成長したということです。

あなたの惹かれているその人はあなたの創造物です。その人の姿を通して、あなたの中にある真理を伝えてくれているのです。**あなたの中にある大いなる宇宙は全てを知っていて、あなたがそこに意識を向けると叡知を得ることができます。**

精神世界について指導者から学ぶ時、相性も大切ですが、その人がサイキックでなかったとしても話を聞きたいと思うかどうかも確認してみてください。

全ての人にサイキック能力が備わっているということは周知の事実ですが、その能力を過剰評価している人がいつの時代にも多いように思います。

その過剰評価が原因で相手の本質を読み取ることができず、本来志していた意識進化の道とは違う方向に進んでしまわれる方もいらっしゃいます。

スピリチュアルを学ぶ意義というのは、サイキック能力の開花云々ではなく、愛をベースに行動し、愛ある存在、愛だけの存在に戻っていくというところにあります。

それは人の生き方・在り方に現れます。

あなたに教えを説く人がいた時、その人の行動や言葉のベースに愛があるか注意深く観察してみましょう。

そして何があっても主導権を渡さないこと。

素直な気持ちは必要ですが、ただの言いなりになってしまっては意識進化の道を歩むことはできません。

始めはジャッジをせず、まっさらな気持ちで耳を傾け、最終的にはあなたが真実だと思うことだけを受け入れましょう。

幸せの四大原則

人はどの時代も豊かさを求めて生きています。

どのような豊かさを求めるかは人それぞれですが、満たされたいという想いは人である以上つきものです。そして、それは全く悪いことではありません。

私たちは魂を成熟させるためにこの世に生を受けています。

物足りなさを埋めるために生き、その経験が学びとなり、魂の成長を助けているのです。

魂の成熟は、宇宙全体の最大の望みであり希望です。個々の魂が成長することでそのエネルギーは宇宙へと還元され、宇宙全体もまた成長していけるのです。

以前、『なぜ宇宙は完璧なのに成長したいと思うのですか？』と尋ねられたことがあります。

たしかに宇宙は完璧です。

完璧なタイミングで各次元にエネルギーを送り込み、その時に必要な経験を各次元にさせてくれます。しかし、完璧というのは、現時点のレベルで完璧ということなのです。

忘れてはならないのは宇宙は無限大だということ。

いくらでも成長していくことができるのです。

それに、宇宙は私たちと同じように生きています。

ゆったりとした流れの中で、私たちの心臓と同じような鼓動のリズムが、今この瞬間も宇宙全体に響きわたっているのです。生きているものは進化を望みます。

宇宙は私たちの魂の経験を吸収して、より豊かな宇宙世界を創造していきます。

豊かさを求めることに盲目となり、自分が豊かであることに気づかない人は、いつまでたっても豊かになることはありませんが、豊かさを求めることは私たちの使命の一つといえるでしょう。


よく、人はお金・人間関係・健康状態が満たされていれば幸福だといわれます。

つまり、お金・人間関係・健康でしか人は悩むことができないということです。

しかし、それは現代の人には当てはまらないように思います。

意外に思われるかもしれませんが、お金・人間関係・健康の豊かさの三つを満たしていらっしゃる方は少なくありません。

自由に使えるお金・互いに成長していけるような人間関係・健康状態もいたって良好。

そういった方は一定数いらっしゃいます。

しかし、そういった方々が波動が高く、幸せなのかというと必ずしもそうとは言えないのです。

私はカウンセリングやワークショップで、その方がどういったことを実践すると波動を上げていくことができるのかアドバイスをさせていただいています。

そして、そのアドバイスをさせていただくためには、その方の現状を把握することが必要不可欠です。

どういった家庭環境で育ったのか。

普段どういった生活をしているのか。

お金・人間関係・健康状態はどうなのか。

その時に得ることができる情報を、その方のエネルギーを視ながら把握します。

怖いと思われる方もいらっしゃるかもしれませんので、念のためお伝えしますが、得ることができる情報というのはその方のハイヤーセルフが許可している範囲のもので、あくまでその方の波動を上げるために必要なものだけが視えるということです。

精神世界ではプライバシーの管理が人間界よりも厳しく、もしカウンセラーや霊能者などが興味本位で視ようものならサイキックな力は落ちていきます。

さらに、情報を見る時、行為のベースに愛以外のものをもっていた場合返ってくるカルマも大きく、それはとても厄介なものなのです。

話を戻しますが、人は表情や話し方、外見を取り繕うことは容易にできます。辛いのに平気なフリをしてみせたり、助けてほしいのに強がってみせたり。しかし、エネルギーは絶対に嘘をつくことができません。

心の中の様子、精神状態は全てエネルギーに表れるのです。

そして、このエネルギーを視ていると三つの豊かさを満たしている人でもエネルギーにモヤがかかっていたり、硬くなっていたり、色や質感が健全な状態とはいえないのです。

エネルギーが健全ではないということはその人自身が何かしら不足感を感じているということです。

これは人が幸福感を得るためにはこの三つの豊かさ以外にも満たすべきものがあるということを意味します。

多くの人が必要としているもの。それは生きがい・やりがいです。

生きがいがある・やりがいがあるという状態は生きることの喜び・生命の尊さを実感できる状態にあり、それは多くの転生で経験をしてきた私たちが到達すべき高波動の精神状態そのものなのです。

反対にこの生きがい・やりがいのない人生は苦しさを伴います。

一生懸命働いていた方が定年後、無気力感にさいなまれることは少なくありません。家族を養って幸せにしたい。会社で重要なポストを担いたい。何かしらそういったやりがいをもってキャリアを重ねてきたのに、それがある日を境になくなってしまうことで、自分の存在価値を見失ってしまうのです。

社会全体でこういった方々のメンタルケアについてもっと力を入れなければなりません。

何のために生きているのかわからないといった無明《むみょう》の生き方というのは、私たちが生を受ける際に授かった絶対的な使命（生きて経験すること）を見失い、混沌とした現実世界でさまよっている状態です。

意味も分からず地球での時間をただ漠然と過ごすことになり、それは意識進化を遂げることを決めている魂に退屈さや気怠さを与え、そういった在り方は波動をどんどん下げていきます。波動が落ちると、エネルギーの重い現象、いわゆるその人を困らせる現実が次から次へと起きてしまい、人は対応に追われ、あっという間に寿命がきてしまいます。

私たちはこういった生き方を何度も繰り返してきたのです。

生きがい・やりがいを得ることは、命あることに対する感謝の気持ちを私たちに思い出させてくれます。

そして、生を授け、今も見守ってくれている存在たちの永久不変の愛を感じることができるようになります。

人が幸福感を得るために必要な四つのモノ（お金・人・身体・生きがい）は全て現実世界に存在します。


この四つが満たされた時、心の状態はどうなっているのでしょうか。

イメージをしてみましょう。

働かなくても自由に生きていける十分なお金。

自分の知らない世界をおしえてくれて、意識を広げてくれる人間関係。

軽やかでいつでも若々しい身体。

自分の力を思う存分発揮し、生きがいを感じながら歩む人生。


どういった感情がわいてきますか？

何が起きても大丈夫というような安心感やワクワクする楽しさ、深い幸福感と穏やかさ。

そういった感覚を得るのではないでしょうか。

この心の状態をスピリチュアルな観点でみてみると、それはハイヤーセルフと同じようなエ

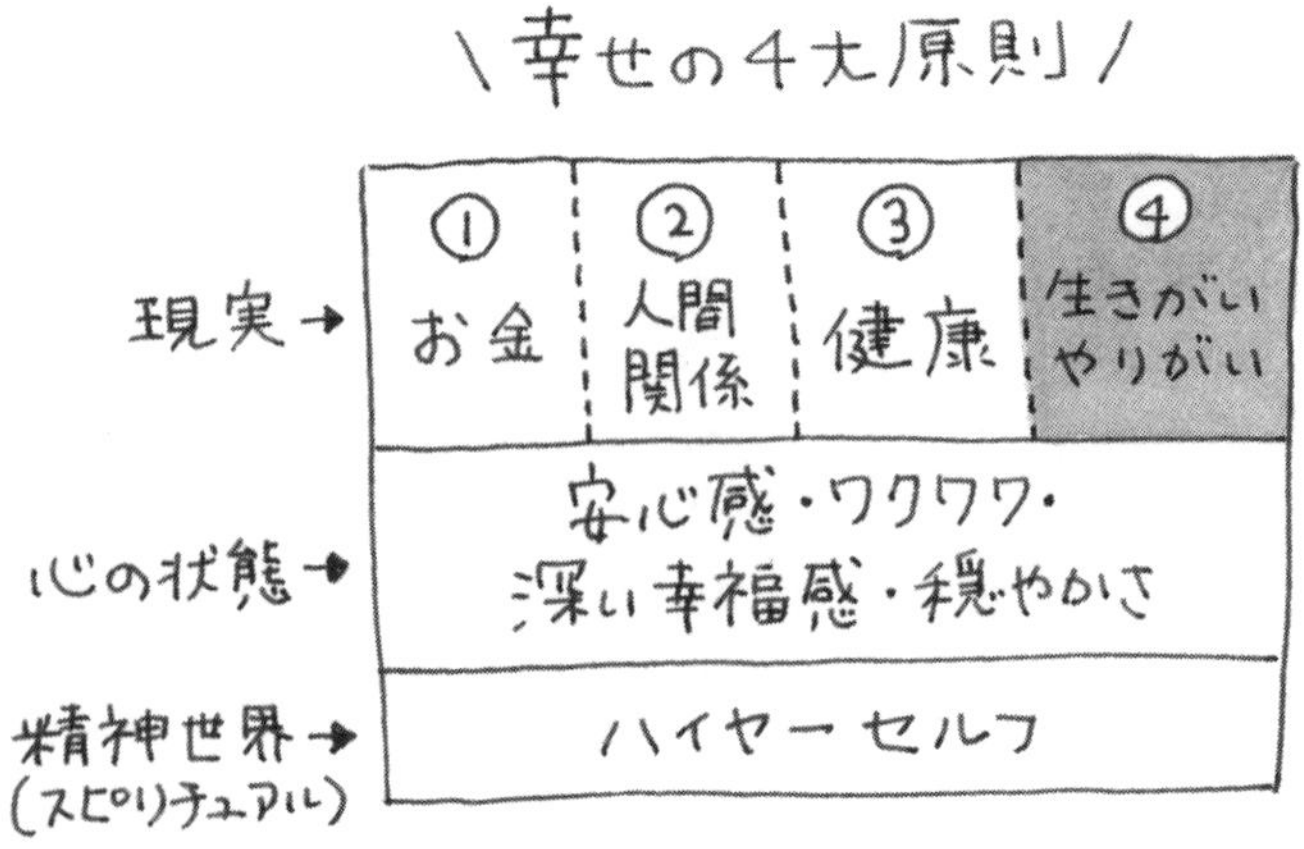

ネルギーといえます。

ハイヤーセルフは本当のあなたです。

安心感・楽しさ・幸福感・穏やかさといった心地良いエネルギーに満ち溢れている存在であり、このエネルギーに戻りたいという思いが私たちが豊かさを求める真の理由なのです。

よく『地球の波動が上がっていくと、人の意識も多極化していくのですか？』という質問を受けます。『もちろん多極化は進んでいきますし、それはすでに始まっています』と私はお答えします。

この多極化というのはその人の波動の高さによって、体験する現実が違ってくるというものです。どういう風に体験する現実が違ってくるかというと、波動が高い人程、人が求める四つの豊かさが満ち足りている状態になり、波動が落ちていくにつれてこの四つの豊かさは陰りを見せ、不足を感じる状態がこれまで以上に顕著に表れます。

ちなみに豊かさの指標はあくまで自己満足度で、一般的には不足しているように見えても、その人自身が満ち足りていると感じることができれば波動の高い状態にあるといえます。

大切なのはあなたがどう感じるかなのです。


波動の高い人程、実行力があります。

求めているものを実行するための力が強いのです。

なぜなら波動が上がっていくと自分の力を取り戻し、行動したい欲求にかられるためです。

宇宙とつながっているため、その原動力は尽きることなく、具現化するためのヒントや情報が次から次へとおりてきます。

そして、取り戻した力を自身の私欲を満たすものではなく、他者のためにも使いたいという思いがわき上がり、自利利他の精神が確立します。

ビジネスにおいて自利を得ることだけを考えている人は行き詰まりを起こします。

いくら稼いでも虚しさや、物足りなさを感じたり、他人から恨まれたり、足を引っ張られたりと厄介事が起きてしまいます。

これは投げたものは返ってくるという自然の摂理から成るもので、『自分だけが儲かれば良い』『自分だけが得をすれば良い』というような思いをもっての行動は、厄介事という重いエネルギーを引き寄せてしまいます。**持っているエネルギーは分け与え、また得るというように、エネルギーがスムーズにまわることが健全な状態であり、その状態を維持することで調和のとれた世界は実現するのです。**

自然の摂理に反するとうまくいかないのは当然のこと。

あなたの能力もその能力を発揮して得たお金や資産というのも一つのエネルギーなので、あなただけのために使うのではなく、循環させて他者にも与えられるようになりましょう。

もっと幸せを感じられるようになります。

そして、決して高次の存在の力だけに頼らないこと。

現実世界で行動することは、あなたの大切なお役目なのです。

迷うことは罪という思い込み

『ハイヤーセルフとつながっているはずなのに、何かを選ぶ時、どちらにも惹かれてしまって結局最後まで選ぶことができないんです』

時々このようなご相談をいただくことがあります。

スピリチュアルを学ぶ方で迷うことがいけないことと思っていらっしゃる方が多いように感じます。

なぜ迷うことがダメだと感じるのか。

それは『直感で動いたら迷わず決めることができる』『迷うということは直感で決めず頭で考えてしまっているから』『頭で考えるということはハイヤーセルフとつながっていないから』

こういった構図が瞬間的に思い浮かび、決めることができない自分を責めるのです。

迷うことは悪いことではありません。

『決められない自分はダメな奴』という自分を責めるその気持ちが問題なのです。

私は何かを購入する時、迷うことがほとんどです。

つい先日も素敵なイヤリングが二つあってどちらにしようか迷いました。

なぜ迷うのか。

私は思う存分迷いたいから迷うのです。

『こちらのイヤリングだったらこういう服と合わせたいな』とか『もう一方だったらこういう髪型が似合うな』とか、そういう思いを巡らせたり。店員さんに『どちらが合ってますか？』と、声をかけてみたり。そういった時間が楽しくてたまらないのです。

この時、迷っているという行為のベースには一ミリも自分を責める気持ちはありません。

むしろ、自分がワクワクしていることをやっているので、自分に対する愛そのものといえるでしょう。

迷いのベースに罪悪感や嫌悪感がある方は、迷っていない時もそのエネルギーはもっていて、ことあるごとにそのエネルギーは発動し、波動を重くしてしまいます。

チャネリングをすれば一発でわかることもあえて迷い、その時間を楽しむのは私たち人間の特権です。

それに迷えるということはとても幸せなことなのです。

迷うということは二つ以上の選択肢があるということです。

私たちは何度も生まれ変わってきた中で、選択肢を与えられなかった時代を多く生きてきました。

もちろん、それも学びであることに違いないのですが、**選択肢が複数あるということは自分に選ぶ権利があり、その権利は私たちの意識進化と共に勝ち得たもので、それはとても幸せなことなのです。**

迷うことをぜひ楽しんでください。

どんな時でもどんな自分でも百点満点をあげてください。

あなたが世界を創っているのだから、あなたが百点をつけたら百点満点のあなたが誕生する

のです。

ネットサーフィンやSNSとのつき合い方

皆さんは一日に何回ネットサーフィンやSNSをチェックしますか？

朝、一日の始まりと共に枕元にあるスマートフォンに手を伸ばし、夜も眠りにつく直前までSNSをチェックしている人も少なくないかと思います。

今はほとんどの人がスマートフォンやタブレットを持っていて、簡単に誰でも情報を得ることができる時代です。

どこにいても興味がある分野について学ぶことができたり、現地に行かなくても必要な情報を手に入れることができたり。有限な時間を有効的に使うことができる大変便利なツールです。

ただ、現実に存在する全てのものは、使い方によって得られる結果というものも変わってくるものです。

インターネットによって世界とつながり、自分が体験したことのない情報を得ることによって意識を広げることができる人もいれば、無限にある情報に振り回され、スマートフォンの画面を通して知り得た世界だけが全てだと思い込んでしまう人もいます。

SNSは情報を発信する人と受け取る人がいます。

意識進化のために自分の体験談を交え『これを実践したら波動が上がった！』とか『波動を上げるためにこういう意識で生きましょう！』といった前向きな情報をシェアする人。

たとえそれが完璧にできていなかったとしても、それを発信することで自分の潜在意識に働きかけることができるので、意識進化を加速させるための効果的なSNSの使い方といえます。

ただ、情報を発信する時に気をつけてもらいたいことが、投稿する時のベースにどのようなエネルギーをもっているのかということ。

SNSというのは不特定多数の人が目にします。

不特定多数にエネルギーを投げると、返ってくるエネルギーもその分大きくなります。

『皆が良い人生を送れるように』という気持ちで愛ある投稿をすれば、たくさんの愛が返ってきますし、『誰かの上に立ちたい』という闘いの気持ちで投稿すれば、それ相当のエネルギーが返ってきてしまいます。

情報を発信する時はベースに何があるか、一言一言精査して投稿すること。

文章を打っていて、あなたの心が愛からずれてしまったら、一度打つのをやめてみましょう。

深呼吸やワークをして、心が落ち着いてから投稿すると質の良いエネルギーを多くの人にシェアすることができます。

そして、情報を受け取る人。

『あの人は順調に波動を上げていっているのに、私は相変わらず一喜一憂してしまう……』

『みんな自分がやりたいことを実現するために行動をしているのに、私はやりたいことすら見つからない……』

SNSを見ながらこんな気持ちになったことはありませんか？

SNSには比較対照がたくさん存在しているので、比較をして気持ちが落ちてしまう人も多いかと思います。

皆さんに知っておいてほしいのは、発信しているその人も、皆さんと同じように悩んだり悲しんだりすることがあるということ。

立派な文面や美しい写真を見た時、『この人の人生は完璧なんだ』と思い込んでしまうのは、表面的な情報に心が奪われている状態で、あなたの自信のなさがそういった偏った現実をつくっているともいえます。

完璧な人生を送っているように見える人でも、たくさんの壁を乗り越えてきたり、人知れず努力をしていたり。

生まれた時から常にハッピーな状態を維持できている人はほとんどいません。

生きている間、学びはずっと続き、それによって魂は磨かれていくわけですから、少しの頑張りも無用な人生など、今世、意識進化を遂げる魂たちが選択するはずがありません。

比較をして、不安感がでてきたら、スマホを見るのを一旦休憩します。

そして、発信者の心が愛からずれてしまった時の対処法と同じように、深呼吸やワークをして、心を穏やかな状態にもっていきましょう。

ネットサーフィンをする時は必要な情報・不要な情報を見極めましょう。

ネットをひらく時は、『意識進化に必要な情報だけを受け取ります』と意図して使うようにしてみてください。

粗悪な情報があったとしても、客観的に見ることができたり、意識が囚われることが少なくなります。

また、毎日自分がどういった質の情報を得ているのか確認してみるのも良いでしょう。

自分にとって必要な情報なのかそうでないのかの判断は、見た後の心や感覚に注目することでわかります。

質の良い情報を見た後は『勉強になったなぁ』とか『癒されたなぁ』とか、前向きな感覚を得ることができますし、そうでない情報を見た後には何も感じなかったり、頭がぼーっとしたり、身体が重くなる感覚があります。

日々目にするニュースにも気をつけてみてください。視聴者を惹きつけるために様々な効果音が使われています。

涙をさそう音楽・緊張感を与える音楽・恐怖を煽る音楽。流れている音楽が変わると映像の印象が大きく変わります。

真実が見えなくなってしまう程のたくさんの演出が施されているのです。

私は動画でニュースやドキュメンタリーを見る時は、できるだけ最初は音を消した状態で見て、二回目は音がある状態で見るようにしています。

知りたい情報は演出がかった情報ではなく、真実に近い情報だけです。

ニュースの中であなたが被害を受けている人を見て心が痛んだら、その人が光に包まれて最高の笑顔でいるところをイメージします。

危機感を煽るような情報を見て、自分の将来に不安を感じたら、今度は自分自身が光に包まれて最高に幸せそうなところをイメージします。

絶対に嫌な気持ちのまま終わらせないこと。

重い感情を持ち続けるのではなく、明るい未来に切り替えることを習慣にしましょう。

あぶり出し

ワークが習慣化し波動を上げていくと、怒りや悲しみ、不安というような感情（エゴ）を感じることが少なくなります。

しかし肉体をもっている以上、そういった感情は必ずもっていて、その感情に気づかず自分は覚醒したと思ってしまう方が少なくありません。

私たちはこのエゴを愛で包み込むことで、意識進化の道を歩むことができるのです。エゴに気づくことができなければ、つまり捉えることができなければ、それ以上先に進むことはありません。

人がエゴをもつことはごく自然なことであり、大切なことはエゴに心を奪われないようにすることです。

釈尊（釈迦・ゴータマシッダールタ）が残したエピソードで『仏教を知るものと知らないものの違いは第二の矢を受けるか否か』というものがあります。

第一の矢は現実を見た時に生じる怒りや、物欲を満たすことへの喜び、真理に対する無関心のことで、第二の矢はそれを持ち続け、エスカレートさせることを指します。

怒りが強くなり瞋恚《しんに》注1へ、物欲にまみれた喜びは飽くことなくむさぼり続けることで貪欲に、無関心は視野の狭さにつながり愚痴へと変化していきます。

瞋恚、貪欲、愚痴は三毒と呼ばれ、人を悩ます根源とされています。

三毒は持ち続けると内なる宇宙に波紋のように広がっていき、深く刻み込まれ、この世に具現化してしまいます。

嫌なことがあった後、そこで気持ちの切り替えをせず、ずっとその嫌な気持ちを持ち続けると、そのエネルギーは宇宙意識へと拡大していき、不調和な現実を生み出してしまうのです。

第二の矢を回避するためには、一喜一憂した瞬間愛で包み込むこと。これが一番の解決策です。


自分の中にいるエゴに気づくことが難しいと感じる方におすすめなのが、自分がやったことのないことに挑戦すること。

初めて何かをやる時、挑戦することを拒む自分がいたり、挑戦してもなかなかうまくいかずにイライラしたり無力感が起こりやすくなります。

新しいことに挑戦し、一喜一憂しながらもそのエネルギーを愛で包み込んでいる人は、霊的

注１　瞋恚《しんに》……怒り恨むこと

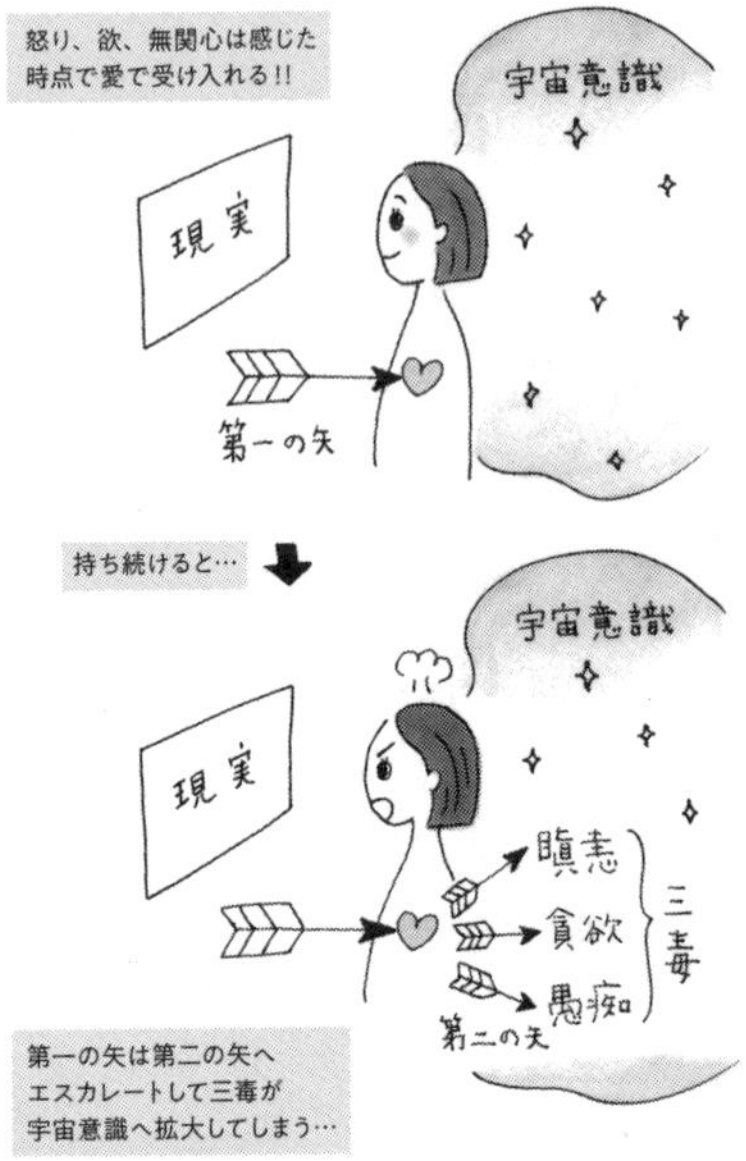

な成長が加速します。

私も日常的に一喜一憂することが少なくなってきましたが、それでも意識の深いところにはそのエネルギーがまだ存在しているのを知っています。

波動を上げていくためにはそれらを浮上させ捉える必要があるので、できるだけいろいろなことに挑戦するようにしています。

スピリチュアルな学びに興味がない人と一緒にいる時、自分の波動を保てるかをチェックするのも良いトレーニングになります。

違う価値観・違うエネルギーの人と交流しても、心がブレず自分軸をしっかりと保つことができるのかというのを客観的に観察するのです。

また、自分が素敵だなと感じる人といると、自分自身の闇の部分があぶり出されていきます。素敵だなと思う人はあなたにとって光の存在なので、その人と話しているとその光で自分が照らされ、普段出てこない闇の部分が浮上してくるのです。

闇が出てきたらもちろんそのままにせず、必ず愛で包み込んでくださいね。

私にとっての光の存在はアマテラスさんです。

アマテラスさんは太陽神として知られていますが、その名の通り、絶対的な光の存在なのです。

私は伊勢神宮がとても好きで、よく参拝に行くのですが、参拝前にどれだけ穏やかな精神状態であっても、境内に入るとエゴが浮上します。

伊勢神宮は御正宮だけではなく、境内全域がアマテラスさんのエネルギーそのものなので、高波動の光によって様々な感情が浮き彫りにされるのです。

浮上してきたものは瞬間的に愛で包み込みます。それを繰り返していくと境内を出る頃にはすっきりとしていて波動が上がっているのがよくわかります。

光の存在が思いつかない時は、ハイヤーセルフやガイドなど高次の存在に『私の闇をあぶり出してくれる人と巡り合わせてください』と投げてみてください。

あなたにとって最適な出会いを用意してくれますよ。

人を羨む気持ち

人を羨ましいと思ったこと。誰でもあるかと思います。

しかし、誰かを羨ましいと思った時、それはその人の一部分を見て判断していることがほとんどです。


美人は幸せ。

高学歴だと幸せ。

お金持ちは幸せ。


本当にそうでしょうか。

私はカウンセリングを通して、世間が思う幸せをすでに手にしているのに、実際は満ち足りていないという方々とたくさん出会ってきました。

容姿端麗でみんなの憧れの的でも、寂しさや物足りなさで心が埋め尽くされ、いつになったら幸せがやってくるのかと途方に暮れる人もいます。

偏差値の高い大学を出られていても、周りの期待を一身に背負い、プレッシャーを感じながら生きているのが辛いとおっしゃる方もいます。

一見裕福な家庭をお持ちの方でも付き合いや見栄で借金を抱え、返済に頭を抱える人も少なくありません。何を買っても何を食べても満たされることはなく、何のために生きているのかと迷走している方もいらっしゃいます。

自分が美人だったら。高学歴だったら。お金持ちだったら。

絶対に幸せに決まっている！

そんなことを思う人もいらっしゃるかと思いますが、はっきり言ってそれは幻想です。内面が満たされない限り、不足感にさいなまれ、永遠に幸せを求め続けることになるのです。

反対に内面が満たされていれば、どんな状況でも人は永遠に幸せです。

オーラを見ればその人の幸福度はすぐにわかります。

そして幸福度の高い人は周りの人も幸せにしてくれます。

比べることをやめなければ、いつまでたっても素晴らしい人生がやってくることはありません。

羨ましさが妬みに変わった時、それは『自分が劣っている』又は『自分にはできない』という、自分を否定する意識がつくり出しているのです。

今、あなたはその事実に向き合う時が来ています。

誰かを羨ましいと思ったら、『あなたにもできるよ!!』という宇宙からのメッセージがやってきたと思いましょう。

否定する言葉を言いたくなったら、『大丈夫だよ』『きっとうまくいくよ』と声をかけてあげましょう。

あなたが今日から意識を変えるだけで、最高最善の未来へつながる道は開けます。そして、宇宙の計らいであなたにアドバイスしてくれる人、助けてくれる人がやってきてくれます。明るい未来があなたを待っています。

波動が高い人の共通点

『エネルギーがクリアな人。波動の高い人で、感謝の気持ちが少ない人はいません』

私がレッスンでよくお伝えする言葉です。

『ありがとう』のエネルギーは愛のエネルギーです。

エネルギーがクリアな人、波動が高い人はハイヤーセルフと意識が近く、愛に満ち溢れているので目に見える存在も、見えない存在も森羅万象に『ありがとう』の気持ちをもつことができます。

けれど、この『ありがとう』の気持ち。

せわしなく生きていると、ついつい忘れてしまうこともあるかと思います。

いつの間にか『ありがとう』と思えなくなって、『ありがとう』と思えない自分にも気づかなくなる。

ついついその気持ちを忘れてしまうのは日本がとても豊かな国だからでしょう。

生まれた時から毎日雨風しのげる家があって、毎日当たり前にご飯を食べることができて。

衣食住が、生きるうえで必要な程度整っている。

それは、とても恵まれていることで、日本は多くの人がそういった環境で暮らしています。

当たり前にその毎日があるから当たり前じゃないことに気がつくことが難しい。

私は時々、一九四五年に意識がトリップすることがあります。

広島と長崎に原爆が落とされ、第二次世界大戦が終戦した年です。

一瞬で失った日常と、敗戦国として生きる日々。

悔しくて、悲しくて、やり場のない憤り。

生きる意味はどこにあるのか。

なぜ自分は生き残ってしまったのか。

どこに意識を向けても重いエネルギーが漂っています。

あの焼け野が原に立つ先人たちは、今この時代を見てどう思うでしょう。

きっと天国だと感じるのだと思います。

当たり前に食べ物があって、当たり前に暖かい布団で眠ることができて、当たり前に愛する家族や友人と過ごせる毎日。

現代は豊かであるがゆえに競争や苦しみもあるけれど、それでも戦争を生きている人たちにとっては夢のような天国のような世界なのです。

全てのことに良いも悪いもないというのは、スピリチュアルを学んでいる皆さんにとっては周知の事実かと思いますが、それを知識ではなく、心で体得できるのは、万物に『ありがとう』とどれだけ深く思えるかが一つのポイントとなります。

一九四五年という学びの年から意識が戻ると、私は必ず当時を生きてくださった人たち、そして、自分を含め、今の時代を生きる人たちが最高に幸せに生きているところを、今ある全ての愛を込めて、創造します。

私たちは過去起きた現象を変えることはできませんが、過去起きた現象に対する捉え方は変えることができます。

悲劇なのか、学びなのか。

全ては見ている人の意識によって変わるものです。

皆さんがもし命あることに『ありがとう』と思えなくなったら目を閉じて、『自分は豊かだということを知っています』と三回宣言してみてください。

普段見落としている幸せが見つかります。

何があっても、新しい光の世界はあなたが創るのです。

そうやって創造主の意識を取り戻していきましょう。

素直な心をもつために

素直さとは『ありがとう』と『ごめんなさい』を言えることです。

形ばかりのお礼と謝罪ではなく、心からの『ありがとう』と『ごめんなさい』の言葉は、意識進化のスピードを早めてくれます。

『ありがとう』は相手に愛をシェアし、『ごめんなさい』は相手と信頼関係を結びなおすため

の歩み寄りです。

私たちはエゴの力が大きくなればなるほど、この二つの言葉に心をのせることが難しくなります。

『ありがとう』、『ごめんなさい』を言えばプライドは傷つき、自分の負けを認めてしまうことになると思い込んでいるからです。

もしこの世に勝ち負けがあるとしたら、あなたにとっての勝利は何でしょう。

相手より偉くなることでしょうか。

相手を言い負かすことでしょうか。

相手より立場が有利になった時、興奮や優越感は生まれますが、それはあくまで一時的なもの。

この本を読んでいらっしゃる皆さんは、意識進化を遂げるために生まれてきた魂たちです。

そんな皆さんにとっての勝利とはあなた自身が幸せになることではないでしょうか。

心からの『ありがとう』と『ごめんなさい』は素直な心がなければ伝えることができません。

素直な心をもつためには自分を認め相手を認めること。相手の意見があなたと全く違い、賛同できない時は否定せず『そういう考え方もあるんだ』という風に思いましょう。

あなたが体験している世界があるように、その人はその人の世界があります。あなたが今世でお役目があるように、その人もまた同じようにお役目を担っているのです。

感謝の気持ちがあったら『ありがとう』。

自分が悪かったと思ったら『ごめんなさい』。

そのシンプルさを大切にしましょう。

みんな素晴らしい

『みんな素晴らしい』

完全にこの意識で生きられる人は自信に満ち溢れ、波動が安定している状態です。

私たちは一人一人才能をもっています。その才能によって、お金もちになる人や人気者になる人がいます。そして人は世間の価値観によって優劣をつける習慣があります。

しかし、波動が安定してくると優劣という概念が薄れていきます。自分に自信がある人は自分を認め、他者も同じように認めることができるためです。

みんな違ってみんな良い。

本当にそういう心をもって生きていくことができます。

しかし、その心で生きている人はどれくらいいるのでしょうか。

『わかってはいるけど、なかなかそんな意識はもてない……』

そういう人は、ぜひ『みんな同じ価値』という意識で生きてみてください。

神々がお住まいになる世界から見たら『みんな同じ価値』なのです。

大いなる宇宙から見たら『みんな同じ価値』なのです。

『みんな同じ価値』という見方は、優劣をつけることを習慣にしているあなたに、客観的な視点を与えてくれます。

だれを見ても同じ価値。

総理大臣、大企業の社長さん、芸能人など社会的に成功をおさめているとされている人たちとあなたは高次から見たらみんな同じ価値です。

『みんな同じ価値』そう思えるようになったら『みんな同じように素晴らしい』という言葉に変えてみましょう。

最初から『みんな素晴らしい』と意識するより先に『みんな同じ価値』という言葉で客観性をもたせたほうが『本当にみんな素晴らしいんだ』という事実に気づきやすいのです。

以前リトリートをお手伝いいただいたスタッフの方が、こんなことをおっしゃっていました。

『私は宇宙から見たら善悪などないというのが頭では理解できていても、納得することはできずにいました。善悪はないといっても悪いことをする人はやっぱり悪い人だと思ってしまうし。でも、高千穂の地をリトリートで訪れた時、小さな草花を見ていると、みんな可愛いなと思って。

美しい花も。くねくねにまがった草も。

その時に宇宙から人を見たらこんな感覚なのかなと思ったんです。

みんな可愛いなと。

みんな愛おしいなと。

そういう気づきがあったんです』

私は深く、感動しました。

このスタッフの方が、自分の感覚を使ってその境地を知ることができたのは、日頃から興味をもっていることに意識を向け、それを理解したいと心から思っていたからでしょう。

わからなくても理解したいという思いがあれば、いつかどこかでそれに気づくきっかけがやってきます。

それは偶然ではなく、ガイドなどのサポーターたちが最善のタイミングで与えてくれるのです。

高千穂の大地は雨の恵みを受け、草花は生き生きと一生懸命生きていました。

人間社会から離れ、自然に触れていると日常ではわからないことに気づくことができます。

私たちは人間ですから現実はとても大切な世界です。

しかし、同時に霊的な存在でもあるので、見えない世界も大切にしましょう。

心が重い時は自然界の力を借りて、意識を広げ、命の尊さを思い出しましょう。

☆今辛いあなたへ

人生では想像もしていないようなことが起こることがあります。

大切な人の死だったり、自分自身が傷つけられたり。

『なんで自分だけこんな目にあわなきゃいけないんだろう』皆さんもそう感じたことがあるのではないでしょうか。

私たちは生まれてくる前にシナリオをつくっていて、おおまかな流れを決めてこの世に降りてきています。

生まれてくる時代、国、家系など宿命のようなものは、今世で魂を成長させるための土台となるもので、この部分はどう抗っても変えることはできません。というより、その設定の中で学んでいくということを自分自身で決めているので、変える必要がないのです。

しかし宿命以外の出来事というのは、自分の波動で如何様にも創造することができます。いくら辛い出来事に遭遇したとしても、心を整えていくと、問題とされることがどんどん小さくなっていったり、問題自体が変わらなくても、あなたの捉え方が変わって、心に大きなダメージを受けなくなります。

今トラブルに巻き込まれている人、又は過去の出来事がトラウマになっている人は自分で世界を創造できるということを認めることで、苦しみから抜け出すことができるのです。人生を創造するということは自分で人生の責任を負うということ。それを理解するためには、精神的な準備が必要になります。

そして、あなたが精神世界に目を向け、それについて学ぼうとするのは、全てを乗り越える最善の時を迎えているためです。

もしあなたにその準備が整っていないとしたら、こういった精神世界の話に触れることはないですし、触れたとしてもまともに学ぼうと思うことはできないのです。

苦しい時は次に進むために必要なことだと理解し、心を整えることを優先させてください。そうすると必ず道は開けてきます。

人生というのは学びです。辛いことも当然あります。それでも人生を創造していくことを意識し、行動できる人は、どんな困難も乗り越えることができる力をもっています。

第4章

人の章

なりたい自分になるために

私たちが現実と呼んでいる世界は、人間の五感で認識できている範囲のもので、宇宙から見るとそれはほんの一部にすぎません。

そして社会というのは、そのほんの一部の世界に住む人間の思い込みからできています。思い込みとは意識です。意識によってこの世は創られています。それ故に、自分の可能性はここまでという限界の意識をもってしまえば、それ以上の願いを実現するのは難しくなります。

逆に可能性が無限にあるという意識で生きることができれば、何でもできる意識へと変わります。何でもできる意識で生きると、あなたが本当に望む人生を歩むことができます。

好きなことを仕事にして収入を得たい。
素敵なパートナーと出会いたい。
健康な身体で生きていきたい。
ただただ安心して暮らしたい。

どんな願いもあなたが本当に欲しいと思うものは手に入ります。

　ではどのようにしたら無限の可能性を手にすることができるのでしょうか。『無限の可能性をもって生きなさい』そう言われてもすぐに『わかりました』と許可できる人はそうそういません。

　シンプルに言うと私たちは波動を上げていくと、無限の可能性へとつながっていきます。私たちは波動を上げて本当の自分に目醒めていきます。本当の自分とは無限の可能性をもっている自分です。

　波動を上げるために一番効果があるのはやはりエゴを愛で包み込むことです。それと並行して実践していただくと、より高い効果が望める三つの願いを叶える術をご紹介します。

●潜在意識を変える

　私たちの意識には潜在意識といって無意識にしてしまう行動や、ある状況において特定の思考をもつように管理されているエリアがあります。

　それらは『赤信号の時は停止する』『熱いものは素手で触らない』など自身を守るために必要なものから『お金もちは幸せ』『美人は得』など、本来私たちが求めている幸福感やそのベースである愛を追求する際、弊害となってしまうものまで多岐にわたります。

潜在意識には、私たちのこれまでの経験からつくられた思い込みがつまっていて、『自分はここまでしかできない』という限界設定もここに存在しています。

この『ここまでしかできない』という思い込みを、『何でもできる』という意識へ変えると、制限から解き放たれ、本当に何でもできる自分へと変わっていきます。

現実は、潜在意識を投影したものです。意識の変化が生まれると、目の前の景色がぱっと明るくなったり、狭い部屋から広くて自由な世界へ飛び出した時のような爽快感だったり、様々なアイディアが次から次へとおりてきて力がみなぎるようなそんな体感を得ることもあります。

私たちが普段自覚している意識（歩く又は食べるといった自分の行動や思考を明確に把握できる意識）を顕在意識と呼びます。この顕在意識を飛び越えて潜在意識へアクセスするために深く呼吸をして、リラックスしてみましょう。そして、『願いが叶った自分』をイメージしてみましょう。

願うのではなく、イメージするのです。

願っている状態というのは叶っていない状態なので、それを続けていては、いつまでたっても具現化した未来はやってきません。そして、ここで重要なのが必ず『幸せだなぁ』とか『嬉しいなぁ』という感情を目一杯感じること。

あなたが『願いが叶った自分』をイメージして、喜びの感情をしっかりと感じると潜在意識は『私の願いが叶った!!』というような喜びの意識に変わり、その意識はジワジワと現実世界へと投影されます。もちろん投影するタイミングは波動が高いほど早まります。

●具体的に意図する

自分がどう在りたいか明確でありましょう。

抽象的ではなく、具体的に。

どういった人間になりたいのか。

私たちはパラレルワールドの中で生きています。

パラレルワールドとは無数に存在する並行世界のことです。

自分が望む未来を想像した時に、その想像した未来に移行する可能性は生まれます。しかし、その想像した未来が抽象的でふわっとしたものだと、移行する可能性は低くなってしまいます。

行き先をはっきり決めなければ、迷走して具現化するために時間がかかってしまいます。その迷走をしている間にいろんなネガティブなエネルギーに妨害され、目標地点に到達することが難しくなるのです。

最短距離でいくためには、具体的に明確に意図するよう習慣にしましょう。

頭で考えるのではなく、紙に書いてみると頭の中が整理されて、自分の理想像を見つけることができます。

例えば、ついつい人のアラ探しをしてしまい、人間関係がうまく構築できない人。

改善するために『優しい人になりたい』という抽象的な目標を立ててもなかなか具現化しません。

あなたにとって『優しい人』とはどういう人なのか明確にしてみてください。

ちなみに私が思う『優しい人』は、

『相手の良いところを見つけるのが上手い』

『心から愛を込めて話すことができる』

『途中で話を遮らず、最後まで相手の話に耳を傾けることができる』

そういう人たちです。

明確にしたら、それが具現化したところをイメージして、叶った時の喜びを思う存分味わいます。心が温かくなったり、感謝の気持ちがわいてくる方もいらっしゃるかもしれません。

このワークを一日三回やってみてください。

一回あたり一分程度でOKです。

一日三回と聞くと多いと感じる方もいらっしゃるかもしれませんが、一日三分。お金もかからず効果は抜群です。

イメージしていると心地良い感覚になるので、機嫌良くその一日を過ごすことができます。

ぜひ習慣にしてみてください。

●必ず行動

願いを叶えるためには必ず行動しましょう。

例えばスピリチュアルカウンセラーになりたい人は神社の神さん、マスター、パワースポット、歴史などについて学び、自身のカウンセリングに必要なものをそろえていきます。

学ぶ時は感覚で捉えることを大切にしてください。

紙とペンを用意し、『私の中の真実を呼び覚まします』とガイドや宇宙に宣言し、それぞれについて視たこと・感じたことを書いてみます。

例えば神社の神さんやマスターを思い浮かべた時、あなたにとってどういう風に視えるのか。どういう風に感じるのか。

それぞれのパワースポットはどういったエネルギーをもっているのか。

一般的に知られている歴史と自分が感じる歴史はどのような違いがあるのか。

感覚だけで難しい場合は、その事柄について書かれた本を読んだ後に、自分自身の真実と照合しながら情報を精査していくというのも良いでしょう。

真実であれば理屈ではなく、とても腑に落ちる感覚になります。

本を読んで精査する場合も紙に書き出すようにしてみてください。

ガイドや宇宙のエネルギーと同調していると、すらすら書くことができます。


やりたいことに対して、どういった学びをすれば良いのかわからない人は、本屋に行き、お店の前でガイドや宇宙に『私が願いを叶えるために必要な学びをおしえて』と三回唱え、中に入ります。

本屋には目に見える世界はもちろん、目に見えない世界についての本も置かれているので、高次からのメッセージを受け取るにはうってつけの場所なのです。

ふと気になる本を見つけたら、そのタイトルや、表紙の絵を見てみたり、実際に読んでみましょう。

あなたへのメッセージが隠れています。

また、本は私たちの意識も広げてくれます。

例えば田舎でスローライフを楽しみたい人。

フルタイムで働いていると、自分がそれを実践しているところをイメージするのは難しいかもしれません。

生活を大きく変えることの不安だったり、若いうちは良くても老後もそのライフスタイルを維持できるのかなど、あなたの願望を実現したいという気持ちをストップさせるような事柄が次から次へと浮かんできます。

そういう時は実際にスローライフを送っている人が書いている本を読んでみてください。スローライフという今までのあなたが体験したことのないような世界を本を通して垣間見ることで、可能性の種をあなたの潜在意識にまくのです。

そうすると次第に自分もできるかもしれないという意識に変わっていき、それは現実に投影されていきます。

やりたいことが無い人は、『私がやりがいを感じることをおしえて』と三回唱えて本屋に入ってみてください。

あなたをワクワクさせるようなことが見つかりますよ。

以上三つの術をご紹介しました。

どれも実践すると波動が上がります。

人間の本質はハイヤーセルフであり、とても波動が高い存在です。

私たちは本来自由で広い意識をもっているため、『ここまでしかできない』という意識の中で生きると、窮屈さや違和感を覚えますが、本来の『何でもできる意識』へと変化していくと懐かしさや安心感が生まれます。

波動を上げることはとても大切なことです。

波動を上げてハイヤーセルフの意識へと還りましょう。

白湯で心身を整える

私は毎朝白湯をいただきます。

白湯は水を一定の時間沸騰させてつくるものです。

万物は風（空気）火水土の四つの元素から成り立っているという考え方があります。

この四つのエネルギーを人に当てはめてみると風は創造性、火は行動力、水は柔軟性、土は安定感を表します。

どの力も魅力的ですよね。

エネルギーが安定している人（自分自身を愛することができている人）はこの四つのエネル

ギーバランスがうまくとれています。

自由に未来を創造し（風）、恐れることなく行動できて（火）、状況が変わっても焦らず対応し（水）、何があっても大丈夫だと思える人（土）。

日頃から意識的に四つのエネルギーを取り入れていくと、それぞれの力はバランスをとりながら向上していきます。

そしてこのエネルギーを簡単に取り入れる方法が白湯なのです。

白湯は十分程時間をかけてゆっくり飲むのが理想的ですが、朝時間がない人は、タンブラーに入れて保温し、時間がある時にいただいてください。

仕事でせかせかしている時に飲むと、この四つのエネルギーがじっくりと広がっていき、心が落ち着きます。

ただしＩＨでは効果は望めません。電気は火のエネルギーの代用にはならないためです。

沸騰させ続けるのでお水は多めに用意します。空焚きに注意です。

睡眠中は多くの水分を失っているため、水分補給にもなります。

胃腸にも一日元気に働いてもらうためのウォーミングアップにもなりますね。

白湯の作り方

①換気扇を回して風を起こします。
②土瓶に多めに水を用意します。
③蓋をあけたまま強火で沸騰させます。
④沸騰したら弱火にして、小さい泡がふつふつと沸く状態で十〜十五分程沸かし続けます。
⑤コップ（タンブラー）に入れた白湯を見て、『風火水土四つのエネルギーを取り入れます』と三回心の中で宣言します。
⑥冷ましながら少しずつ十分程時間をかけて飲みます。
⑦心の中で四つのエネルギーに『ありがとう』と感謝を伝えます。

一日三回のワークで心を整える

波動を上げるためにはワークはとても有効的です。

ワークは現実をつくり出している自分の意識に集中するためのトレーニングです。

毎日を慌ただしく生きていると、内なる自分（意識）に目を向ける力は衰えていきます。

意識が変われば必ず体験する現実は変わります。

体験する現実というのは、起きたことに対する捉え方です。


上司との確執。

パートナーに対する不信感。

子供への執着。

自分を卑下する心。

あなたの日常に溢れている怒り、悲しみ、苦しみ、嫉妬、不足感。


こういったエネルギーを引きずることなく、全ての出来事は自分を成長させてくれる学びだということを、頭ではなく、完全に心で知るという状態をワークで実現します。

まずは朝昼夜五分で良いのでワークを実践してください。

五分が難しければ三分からスタートします。

大事なのは習慣にすることです。一日三回当たり前にワークができるようになれば、穏やかな心を保つための力が少しずつついてきます。

もちろんずっと同じワークでなくてもＯＫです。

その時々の課題やエネルギーの状態によって必要なワークをやってみてください。

おすすめなのが天と地のエネルギーを受け取るワークです。（P239参照）天のエネルギーは直感力・叡智を開花させ、地のエネルギーは行動力・自信を与えてくれます。

バランスよくこのエネルギーを取り入れると七つのチャクラが活性化されるとともに、両極にある天地のエネルギーが融合し、それぞれのエネルギーを超越した意識進化を早める力を無限に生み出すことができます。

無限のエネルギーはフリーエネルギーとも呼ばれ、それを自分自身で発し、人生をクリエイトできるのです。

天と地のエネルギーをうまく取り入れるようになると、それが心地良くなり、その心地良さは現実では手に入れられる質のものではないということに気がつきます。

それは絶対的な安心感。何かあっても天と地のエネルギーとつながれば、『全て大丈夫』という安心感が生まれます。

習慣にするコツはその行動を起こすタイミングを決めてしまうこと。

例えば朝は白湯を飲んで心を落ち着かせてからワークに入ります。

昼はランチタイムが終わってほっと一息ついた後。

夜は寝る準備を整えて、ベッドに入る直前など。

白湯・ランチ・一日の終わりというようにあなたにとって最適なタイミングをつくってみてください。

毎日歯を磨くように。

お風呂に入るように。

呼吸をするように。

いつの間にか意識しなくてもできるようになります。

そして、習慣になるともっとたくさんワークをやりたいと思うようになります。

スピリチュアルを頭ではなく心で知るために。

ぜひ今日から始めてみましょう。

オーラを整える

オーラは人のエネルギー状態を表します。

それぞれ個性があり、つるっとしたもの、でこぼこしたもの、幅広のもの、狭いもの、光が強い、弱いなど様々です。

エネルギー不足の方にヒーリングをしていると、スポンジのようにぐんぐんエネルギーを吸収し、オーラの光が強くなります。

オーロラのような神聖なエネルギーが体を包み込み、強く美しく発光しているのを見ていると、生命の尊さを感じ、改めて人間はこんなにも素晴らしい存在なんだということを深く考えさせられます。

肉体とオーラは密接につながっています。

肉体を愛している人はオーラも美しいですし、オーラがクリアな人は肉体に十分な宇宙エネルギーが行き渡っています。

毎朝身支度をするのと同じように、オーラも整えてみましょう。

意識することで自分のオーラを感じることができたり、ビジョンで視ることができるようになります。

逆に言うと、普段意識しないものを認識するのは困難です。

何事も対象にフォーカスすることで、具現化（ここではオーラを捉えること）していくものです。

オーラを整えることが習慣になると、整える前とその後では気分が変わるのがわかります。

心が明るくなったり、何があっても大丈夫だという気持ちになったり。

こういった心の状態は、波動が上がったサインです。

責任感が強い人、意地っ張りな人はご自身で十分なエネルギーを取り入れることが難しく、オーラも曇ってしまいます。

オーラを整えて日々機嫌良く過ごす。心と体がとっても楽になっていくのを体感できますよ。

オーラの整え方

①両手を広げてオーラの幅を確認します。人によってオーラの大きさは違いますが、両手を広げたくらいがオーラの平均的な大きさです。

②上から下へ手のひらでオーラをなでます。

③手を上下に動かす度にオーラが美しく光り輝くのをイメージします。

④最後に『ありがとう』と言って終えます。オーラ＝生命エネルギーで、生命に対する感謝の気持ちを込めて。その愛の言葉によって神聖なオーラの持続性は高まります。

松果体とハートチャクラを意識する

松果体とハートを意識しましょう。

松果体は直感力の向上、ハートチャクラは眠っている愛を呼び覚ましてくれます。

このワークではその日、あなたにとって力を与えてくれるラッキーカラーも捉えることができます。

最強のラッキーカラー。

霊能者や占い師に視てもらわなくても、『自分でもわかるんだ』ということを知ると、目に見えない世界を捉えることについての苦手意識が少なくなります。

苦手意識が少なくなると、あなたの可能性は広がっていきます。

何事も成長を妨げている一番の要因は『自分には無理だ』と諦めてしまう自分の意識なのです。

無限の力を取り戻すために『できない』『やれない』の意識を『できる』『やれる』の意識へ変え、トライしていくことは、魂を成長させるための近道です。

松果体とハートチャクラの活性化ワーク

①『松果体とハートチャクラを活性化させます』と心の中で三回唱えます。

②松果体に野球のボールくらいの丸い光があるのをイメージします。

③ここでみる光の色はあなたにとって今必要なエネルギーです。その日のラッキーカラーになります。
④そのカラーから連想されるものは何なのかハイヤーセルフに問いかけます。難しく考えず『このカラーはどういう意味？』と親しい友人に語りかけるように尋ねてみてください。例えばマゼンタピンクなら愛、緑なら調和など。あなたの感覚でOKです。
⑤吐く息を長くとり、深い呼吸を繰り返しながら、松果体にある丸い光が頭の中全体に広がるのをイメージします。
⑥吸う息と共に松果体にある丸い光に意識を向けて、吐く息と共にその光が頭の中全体に広がっていくのをイメージし、それを繰り返します。
⑦松果体にある丸い光が垂直に下におりてきて、今度はハートチャクラに光があるのをイメージします。
⑧吸う息と共にハートチャクラにある丸い光に意識を向けて、吐く息と共にその光がオーラ全体に広がっていくのをイメージし、それを繰り返します。
⑨オーラが強く光り輝いていると感じられるようになったら『私は神聖な存在です』と心の中で三回、深く響き渡らせるように唱えます。

⑩最後にグラウンディングをして、目を開けます。

お部屋を整える

『お部屋は常に清潔に』

『不要なものは断捨離で手放す』

わかってはいるけどなかなか実践できない時ってありますよね。

又は一度実践できてもそれが維持できないという方も多くいらっしゃると思います。

散らかったお部屋で毎日過ごしてしまうと、エネルギーはやはり滞ってしまうのでイライラしたり、気持ちも重くなりがちです。

『片づけたいのに身体が動かない!!』

そういう時はお気に入りのカフェへ行ってみましょう。

お気に入りのカフェがなかったらハイヤーセルフやガイドにお願いしてみてください。『私を素敵なカフェへ連れて行ってください』と心の中へ語りかけるだけでOKです。

お気に入りの空間でのんびりしていると、今過ごしている自分の部屋との違いがよくわかるはず。見た目はもちろん、エネルギーの違いも感覚で捉えることができます。

この時に重要なのが、掃除ができない自分を責める気持ちが出てきたら必ず愛で包み込むことです。

良い悪いの判断はせず、あえて比較をし、違いを認識する。

そうすると、本当はこんなカフェのようにすっきりした空間が好きなのに、毎日物が散乱した部屋で過ごしている自分に違和感を覚えるはずです。

人はニュートラルな位置にたつと（リラックス状態になると）自分がこうありたいと望んでいるものが見えてくるものです。

そして、望んでいる状態が具現化されると安心感をもたらすことから、具現化させるために行動をしたいという気持ちが大きくなります。

『お部屋を片付けてみよう』

『不要なものは断捨離してみよう』

こういった思いが自然とわいてきます。

人が得るほとんどの情報は、視覚によるものです。視覚で得た情報によって深い意識に行動を促すよう働きかけるのです。

望んでいる状態が具現化した時に得られる安心感というのは、ハイヤーセルフと同じようなエネルギーです。意識進化をしていく魂たちはハイヤーセルフと一致したいという気持ちが日に日に強くなります。

自分が望んでいるもの（安心感を得るもの）が何なのかわからないうちは、行動がしづらいので、最高最善の道を歩むためにも自分が望むことを明確にして日々過ごしましょう。

ここで注意が必要なのが、望みが具現化すると当然安心感を得ますが、具現化しないと安心感が得られないという考え方をもつこと。

そういった思考パターンが出来上がってしまうと執着という重いエネルギーが生まれてしまい、波動は下がっていきます。

『具現化しても具現化しなくても私は幸せ』

この意識が大切です。

ちなみに私がお部屋の掃除や日々の食事がずぼらになると、必ず行くのがセレンテーブルというカフェです。

こちらのカフェは、マクロビオティック、ヴィーガン、オーガニック対応のカフェで、穀物や野菜・海藻を中心とする食材を使った身体に優しいお料理をいただくことができます。自然のエネルギーがぎゅっとつまっているので魂が喜ぶのがわかります。

いつ行っても波動が高く、霊視すると床からも美しい光が発せられていて、来られるお客様を次々と癒しているのがわかります。とても居心地の良い空間です。

波動の高い場所で身体に優しいお食事をいただいていると、ずぼらな私も自然と『家に帰ったら断捨離して、ちゃんとご飯作ろう』という気持ちになります。

皆さんも魂が喜ぶお気に入りの場所を見つけてみてくださいね。

セレンテーブル
http://cooklab-serendipity.com/

自宅をエネルギースポットに

毎日過ごすお部屋がエネルギースポットだったら嬉しいですよね。

『お部屋の波動を簡単に上げたいなぁ』という方。

まずは水場又は玄関のお掃除を毎日五分やってみてください。

水はエネルギーを転写しやすいので常に清潔に保つのが理想的。

そして、玄関もエネルギーを迎え入れる場所なので、こちらもすっきりさせます。

キッチン、洗面所、お風呂場、トイレ、玄関。

どこか一箇所で良いので毎日五分のお掃除を今日から始めてみましょう。

キッチン↓私はいつも調理場は石鹸の泡をモコモコにして洗います。掃除がしやすいように基本的には何も置かないようにします。IHじゃない方は、時々五徳も洗ってあげてください。キッチンが清潔だとお料理自体の波動も上がりますよ。

洗面所↓鏡が曇っていないかチェックします。綺麗な鏡に映ったお顔を見ると気持ちが明るくなりますよ。身支度する時やお風呂上がりなど何かのついでにやってみてください。使っていない洗剤やコスメは全て手放します。

お風呂場↓排水溝が綺麗になると家のエネルギーの流れが瞬く間に良くなります。今は簡単にお掃除できるグッズがたくさんあるので、楽さを選びましょう。

トイレ↓トイレのふち、ウォシュレットのところは念入りにお掃除を。目につかない場所にある汚れはエネルギーが滞る原因となります。


玄関↓使っていない傘は全て手放します。

下駄箱やドア（外側と内側）、インターフォンなど、バケツにお水を入れてお酒（ワンカップ酒で十分です）を混ぜたもので定期的にふいてみましょう。

残ったお酒入りのお水は最後に玄関周りにまいて清めます。


ここであげたものは毎日やらなくても大丈夫です。

全部やろうとすると疲れてしまうので続きません。

一日五分やれる範囲で。

もちろんお掃除好きな人はやってもらってＯＫですが、お掃除が苦手な人は無理をしないこと。せっかくやる気が出ても次第に苦行になってしまいます。

家の清潔さというのは住む人の波動に影響を及ぼします。

もちろんそれは人だけではありません。

どれだけ波動の高い石やお札を置いていても、清潔でないと効果が薄れてしまうのです。

そういったものはその場所の波動との相互作用によって力を発揮していくものです。

私のクライアントさんもさっそく効果があったようで、『ついついぼーっと一日過ごしてしまう日が続いていたけど五分のお掃除を始めてみると、その後スムーズに動けるようになって、一日の流れが良くなったんです!!』と嬉しそうにおっしゃっていました。

実行力。素晴らしいです。

意識進化するスピードは実行力（行動力）と比例します。

波動を上げるために行動する人はどんどん本当の力を取り戻していくことができるのです。

お掃除を習慣にするポイントが二つあります。

一つ目は習慣になるまでは、気分がのっていても十分以上はやらないこと。

まだやりたいなぁと思うところで終わらせた方が、次の日の楽しみができて習慣にしやすくなります。

そして二つ目のポイントは掃除がしやすいように不要なものは置かないこと。

ゼロじゃなくても必要最低限にすることです。

『必要最低限』

とても大事な言葉です。

この意識で生きると必要なもの、不要なものを見極める力、判断力が上がります。

ものだけではなく人間関係も。

お金の使い方も。

食べ物も。

そして、生き方も。

お部屋を整えることは豊かさ（お金・人間関係・健康・生きがい）につながっていきます。

エネルギーの流れを良くするだけではなく、見極める力のトレーニングなのです。

不要なものをもっていると、必要なもの、大切なものが見えなくなってしまいます。

五分のお掃除が難しかったら三分からでも良いので今日から始めてみてください。

あなたの実行力があなたの未来を大きく変えます。

音楽で意識を広げる

毎日機嫌良く・心地良く過ごすために音楽の力をかりてみましょう。

鬱々とした気持ちを吹き飛ばしてくれる音楽。

イライラして疲弊している心に癒しを与えてくれる音楽。

孤独で胸が押しつぶされそうな時、愛を与えてくれる音楽。

それぞれのテーマでプレイリストをつくります。

私は『意識を広げるプレイリスト』をつくっていて、毎日聴いています。

特に原稿を書く時など、室内で長時間仕事をしていると、意識が狭まるような感覚になることがあるので、そういう時はこのプレイリストをリピートします。

意識が広がることで多次元の情報をスムーズにキャッチすることができるのです。

『意識を広げるプレイリスト』に入っているもので、皆さんにおすすめしたいのがジブリの音楽です。

ジブリの音楽を聴いていると、周りに青々とした艶やかな草原や、生命力あふれる木々、すっきりとした心地良い風と、意識を限りなく遠くまで連れていってくれるような大空が広がり、カフェの中にいても大自然に囲まれた感覚で仕事ができます。

また、お天気が悪くてイライラしてしまう時に聴くのもおすすめです。

雨が続くとなんとなく気分が落ち込んでしまったり、頭痛に悩まされる方も多いかと思います。

もちろん雨は恵であり、私たちが生きていくうえで必要不可欠なエネルギーなのですが、無意識レベルで『雨＝面倒なもの』という思考パターンが働くことで、心身に負担がかかってしまうことがあります。

そういった時にジブリの音楽を聴くと、自然界は遠いどこかではなく、私たちのすぐそばにあるということを感じることができるのです。雨が降ると緑や大地が生き生きと喜んでいるというようにつながりを実感できるようになります。

『雨＝面倒なもの』ではなく、『雨＝恵』という思考パターンが生まれ、心身も楽になります。

人間社会と自然界は切り離すことのできない関係です。共存するためには互いに支え合う必要があります。ジブリの音楽は、私たちと自然界は何の違いもなく、尊い存在であるという事実をおしえてくれます。

二十年ほど前に日本でも流行したアイルランドの歌姫エンヤさんの曲もよく聴きます。

彼女の歌声とサウンドは、とてもみずみずしく、透明感があって、当時せわしなく生きる多くの人たちに深い癒しを与えてくれました。

彼女の音楽を聴いているといつも水辺に立つ神殿のビジョンが見えます。

水は清らかさ、神殿は遠い異次元を意味しています。

聖なる波動は、人が聴覚によって捉えられる『音』という形に変換され、彼女の作品によって今もなおこの時代に響きを与えてくれます。

この動乱の時代。急に不安や悲しみがやってくることもあるかと思います。

その時にピンとくる音楽を聴いてみて、心穏やかに過ごしましょう。

肉体を愛することで波動を上げる

波動を上げるためにはワークが大変有効ですが、肉体的なアプローチも重要です。

肉体と高次の世界は層のように重なり合っているので、肉体を大切にすることで高次のエネルギーを受け取りやすくなります。

波動を上げるためにおすすめしたいのが『身体を緩めること』。

身体のふしぶしが硬い状態だとエネルギーの流れが滞ってしまうため、怒り・悲しみ・苦しみといったネガティブなエネルギーがたまりやすくなります。

ネガティブなエネルギーは蓄積されると肉体にも徐々に影響を与え、その最終形態が『病』となります。

一日三回（朝昼夜）頭から足元に向かって、ストレッチをしましょう。

首・肩回り・肩甲骨・腕・手首・腰・下半身・足首。

上から下に向かって順番に身体を緩めてあげます。

そして、身体を緩めながら『ありがとう』と声をかけてあげます。

『ありがとう』は愛の言葉なので、いつも頑張ってくれている身体にお礼を伝えることで、肉体の波動は上がっていきます。

ストレッチはワークの前にやるのもおすすめです。

高次のエネルギーを取り込みやすくなるので、ワークの効果を高めてくれます。


毎日お風呂に入るのも身体を緩めるために有効です。

湯舟に二十分以上つかりましょう。

二十分というと長いと思う方もいらっしゃるかもしれませんが、身体は一生のパートナー。

コミュニケーションをとる時間だと思って習慣にしてみてください。

お風呂はリラックス状態になりやすいので、セルフヒーリングをしてみましょう。

手のひらをこすり合わせて、手のひらから強い光が出ているのをイメージします（色は何色でも大丈夫です）。手のひらで身体に触れてあげて『ありがとう』と声をかけます。

毎日パソコンで酷使している目や普段意識しづらい背中も。

肌荒れが気になる人はお顔にも。

最後にハートのあたりに手を重ね『ありがとう』と言って終わります。

肉体を大切にすることは自分に対して愛をおくる行為です。

自分に対して『ありがとう』と毎日声をかけてあげると、肉体は機嫌良く働いてくれますし、自分自身のこともどんどん好きになります。

一日三回のストレッチとお風呂でのセルフヒーリングで、身体に意識を向ける時間をつくりましょう。

リトリート

リトリートは魂の遠足です。

私たちが意識進化していくために必要なエネルギーを活性化させ、本来の力を取り戻すためのサポートをしてくれます。

私は今でこそ神社やお寺などのエネルギースポットを訪れますが、もともとはそういった宗教色のあるところに行くことは良しとしない家庭で育ちました。

もちろんそれもブループリントの中で決めてきたことで、もし今世で必要な経験をする前にそういった波動の高いところを訪れてしまうと、容易に意識進化の道に入ってしまうためです。

それくらいエネルギースポットというのは意識進化を遂げる魂たちに大きな力を与えてくれるのです。

私がリトリートでよく訪れるのが京都の嵐山です。

いつも私たちを温かく迎えてくれます。

その嵐山でおすすめのスポットを二つご紹介します。

●嵐山祐斎亭

嵐山の清らかで力強いエネルギーを堪能できる祐斎亭。

こちらを訪れると、意識は異次元へトリップします。

明治期に建てられた築百五十年の歴史あるこちらの建造物は、ノーベル文学賞を受賞された川端康成氏が逗留し、執筆した地としても知られ、現在はあらゆるところにオーナーで染色作家でもある奥田祐斎さんのおもてなしの心があらわれています。

丸窓から覗く翡翠色の桂川や水鏡に映りこむ美しい木々たちは、偉大でありながら奥ゆかしさも感じられ、この自然界のエネルギーに触れていると、ただここに在るということに対する感謝の念が心の底から溢れ、私たちはすでに絶対的幸福の中に存在しているという事実に気づかせてくれます。

四季折々の表情を眺めていると、いつの間にか日常の雑多から解放され、内なる自分へと向き合う手助けをしてくれるのです。

私もよくこちらで瞑想をさせていただいていて、静かなる流れに意識を委ね、何者でもない本来の存在に戻った時、何があっても大丈夫という深い安心感に包まれます。

人は問題としなくて良いことをあえて問題として捉えてしまう癖があります。

問題解決に躍起になるよりも内側に意識を向けて本当の拠り所を探すことで、自然と苦しみからは解放されていきます。

私にとって祐斎亭はいつも深い愛と喜びを与えてくれる場所でもあります。

夏の終わりの頃。

いつものように丸窓から緑豊かな嵐山を眺めていると、ふと『もっと近くで自然を感じたい』そういった思いがどこからともなくやってきました。

ただ自然を感じるのではなく、この祐斎亭のエネルギーに包まれながら自然に触れたいと。

それがどのような形で具現化できるのか見当もつかず、なぜそんな願いがわいてくるのかもわからないまま、その思いは日が経つにつれて強くなり、いつかその未来がやってくるのではないかと確信めいたものを感じるようになりました。

するとある時、奥様の恵美さんから一通のメールが。

拝読すると『濡れ縁がまもなく完成するのでぜひお越しください』とのこと。

『濡れ縁？　いつの間につくられたのだろう？』

翌日、なんともいえない不思議な感覚に包まれながら、目に見えない何かにひっぱられるようにして私は祐斎亭を訪れました。

いつも丁寧に対応してくださるスタッフの方にテラスの場所を尋ね、祐斎さんのアトリエに続く階段を上り、その場所に辿り着くと、私ははっと息をのみました。

そこには何にも遮られることなく広がる空と、手を伸ばせば触れることができる美しく色づく木々が。

パノラマ状の嵐山の絶景と、風の香りが頬に触れ、まさに『祐斎亭のエネルギーに包まれながら自然に触れたい』というあの願いそのものが目の前に広がっていたのです。

『いつの間にこんな素敵な濡れ縁をつくられたのですか？』

喜びをかみしめながら祐斎さんに尋ねると、『数週間前にここからの眺めを見た時、これは良いんじゃないかと。この場所を開放したらみんな喜ぶんじゃないかとそう思ったんだよ』と。

そしてあっという間に濡れ縁完成にいたったとのこと。

素晴らしい直感力と実行力に喜びや驚きを通り越して、深い感動を覚えました。

初めてお会いした時から祐斎さんのオーラには宇宙が視えていて、遊び心や人を喜ばせたい、驚かせたいという愛のエネルギーと少年のような自由で生き生きとしたエネルギーが満ち満ちていました。お話をしていると瞬く間に私の意識は広がり、次から次へとインスピレーションを与えてくれるのです。

奥様の恵美さんも本当に素晴らしい方で、『祐斎亭で直接自然を感じられるようなものができたら良いなと思っていたらこちらの濡れ縁が完成されたとご連絡いただいて。こんなに素晴らしい場所をつくっていただき、本当に嬉しいです』とお礼をお伝えすると、

『喜んでいただいて、願っていただいてありがとうございます』

そう言って深々と頭を下げられ、その所作が本当に美しく、思わず見とれてしまいました。

『願っていただいてありがとうございます』

その言葉をいただいた瞬間、こんなに綺麗な言葉があるのかと。

こんなに淀みのないエネルギーで、この言葉を発する方がいらっしゃるのかと。

恵美さんの愛溢れるお人柄がその言葉に全てつまっていて、その神聖なエネルギーは私の中にある深い意識に波紋のように広がっていき、とても幸せな気持ちに包まれました。

濡れ縁で嵐山を眺めながらその空間に意識を委ねていると、景観をくずさぬよう、決して作りこまず、『お客様にそのままの自然を堪能してもらいたい。喜んでもらいたい』というお二

人の想いがその空間にしっかりと刻印されていました。

そのエネルギーは愛そのもので、これから訪れる多くの方の心に光を灯し、人生を創造するための支えとなってくれることでしょう。

ぜひこちらの祐斎亭でエネルギーをチャージし、自分自身の心に意識を向けてみてください。

あなたの心に十分なエネルギーがある時、あなたにとっての最高の未来が創造できます。

嵐山祐斎亭
https://yusai.kyoto

●大悲閣千光寺

私がよくお邪魔させていただく大悲閣千光寺。

江戸時代の豪商、角倉了以氏が大堰川を開削する工事で亡くなった人々を弔うために建立されたお寺です。

千光寺は嵐山中腹に位置し、観光客が賑わう渡月橋周辺とは対照的に静かな雰囲気を味わうことができます。

自然豊かなこの地は、春は華やかな桜と夏は日の光に反射した青々とした緑。

秋は黄金の木の葉が舞い、冬は飾ることのないありのままの姿で生きる美しさ。どの季節も参拝者の心に癒しを与えてくれます。

岩肌に立つ観音堂は、台風の被害を受け、以前は大きく傾いていたそうですが、ある参拝者の方からの多額の寄付により修復され、今では絶景を眺めることができる最高のスポットに生まれ変わりました。

千光寺からは紫色の高次のエネルギーが嵐山のふもと全体に流れています。

こちらを訪れる方々はこの聖なる力を無意識にキャッチしていらっしゃるのでしょう。

日本には多くのエネルギースポットが存在しますが、過度な観光地化による環境破壊や深刻な過疎化によってそのスポットの維持や管理が困難になってしまい、安定したエネルギー供給ができなくなってしまっているケースは少なくありません。

取り巻く環境によってはそのエネルギー自体が枯渇してしまうこともあります。

しかし、千光寺のように、多くの人にエネルギーを供給するという、その時代で絶対的に必要なお役目を担う地は、どのような苦難があっても存続できるよう高次の力がお働きになられます。

観音堂修復のために、寄付をされた参拝者の方とのご縁も高次が結んでくださったものでしょう。

千光寺は現実世界で疲弊し、凝り固まった心を解放してくれる力があります。

こちらで癒しを受け取った方々が、日常に帰った後もそのエネルギーを周りの方々にシェアしていき、それは放射状に日本全体へと広がり、人々の心は安定していくのです。

エネルギースポットというと目先の利益を得るために訪れるところといったイメージをもたれることが多いかと思います。もちろんそれ自体は悪いことではないのですが、本来は平和な世を創るためにあり、私たちはそういった本質的な意義というのを次の世代に伝えていかなければなりません。


千光寺の和尚さんは仏様のようなお顔をされていて、エネルギーを視ると足元は大地に根付くようしっかりとグラウンディングされています。

いつも『仏教ではこういう風に表現するけど、スピリチュアルの世界ではどういった表現になるの？』という話で盛り上がり、仏の教えの奥深さを教えてくださいます。

以前、和尚さんがある言葉をかけてくださったことがありました。

『仏教もあなたが伝えているスピリチュアルも人が幸せになるために存在していて、必ず通ずるものがある。だから私たちも、宗教家であるかどうかは関係なく、あなたたちのような人を認めていかなければならないと思う』

和尚さんのように長年厳しい行を積まれ、自利利他の精神で生きていらっしゃる方からこんなにも有難いお言葉をいただけるのはとても幸せなことです。

私自身も、全ての宗教もスピリチュアルも信仰する対象の有無に違いはあれど、目指すべきところ、そして到達すべきところは同じだと感じていて、宗教家でなくてもそういった領域を目指す者がいるということを分かり合える日がきたら幸せだと。

そして、社会、組織、個人間でも互いを認められるような意識をもつ人が増えることで、この世は平安へとつながっていくと、そういう思いを強くもっています。

だからこそ、和尚さんからいただいたこの言葉がとても嬉しくて。これからの活動を後押ししてくれるような最高のエネルギーとして、私の中に存在してくれているのを感じるのです。


現在は引退されていますが、以前千光寺の受付の方で、霊的な力をお持ちの方がいらっしゃいました。

とても綺麗な深い紫色のオーラで、精神世界のことだけではなく、魂を成熟させるべき在り方をご自身の生き方をもってして教えてくださる方でした。

初めてお会いした時、そのオーラの状態から『とても鋭い霊感をお持ちの方だな』というのがわかり、互いのエネルギーが交流していく様子が視えました。

私がスピリチュアルカウンセラーの仕事をしているとお話をすると、『知ってる』と一言。それがなんだかおもしろくて『どうしてわかったのですか？』と尋ねると『あなたがこのお寺に入った時、シャンシャンと音がしたの』と。

この音はもちろん三次元的な音ではなく、霊的な音で、五感を超越したところで、その音を感じ取っていらっしゃったのです。

参拝者さんに優しく声をかけていらっしゃる姿がとても印象的で、いつも親身にアドバイスをされているのを見ると、心と心のつながりの尊さを学ばせてくれます。

『自分が苦しい時にお寺さんやお地蔵さんにお世話になったから』と、お寺さんでボランティアをされたり、よく山に出かけ、お地蔵さんのお世話をされているそうで、とても信仰心が篤く、無条件の愛を送っている姿は和尚さんと同じように自利利他の精神そのものです。

ある時千光寺を訪れた際、敷地の奥の方から霊的な存在に呼ばれているのを感じました。『なんだろう？』と行ってみると、そこにはお地蔵さんがいらっしゃって、受付の方に『いつも綺麗にしてくれてありがとう』とお伝えするように言われたので、そのままその方にお伝えすると、とても嬉しそうに微笑んでいらっしゃって。

その姿を見ていると私もまた幸せな気持ちになりました。

千光寺はこの世にありながらも人の本質的な美しさを思い出させてくれるような地です。

それは、和尚さんをはじめ、この地に関わる愛ある方々が築き上げてきたもので、混沌とした この時代に大きな光を与えてくれます。

大悲閣千光寺
https://daihikaku.jp

祐斎亭も千光寺もこれからの日本を支える素晴らしいエネルギースポットです。

目に見えない存在は休むことなくお働きになられ、その地を守る方々がいらっしゃいます。

そういった事実を知り、感謝をすることは、平安な世を創造するためにとても大切なことです。

私たちは決して一人で生きていくことはできません。

互いに授かった役目を全うし、支え合いながら生きていくのです。

日常に行き詰まった時はエネルギースポットを訪れ、意識が広がるのを感じてみてください。

本来の力を取り戻したあなたは、現実に囚われることはなくなり、全てが学びだということを心で理解することができるでしょう。

この世に生を受けた喜びを心から感じることができるでしょう。

私たちはもれなく神聖な存在です。

私たちがこの世で学ぶため眠らせたあの記憶を、光り輝く本来の姿を今思い出しましょう。

ワーク

●天と地のワーク

天のエネルギーは直感力・叡智を開花させ、地のエネルギーは行動力・自信を与えてくれます。そして、そのベースは愛のエネルギーです。

この世は天（宇宙）と地から愛

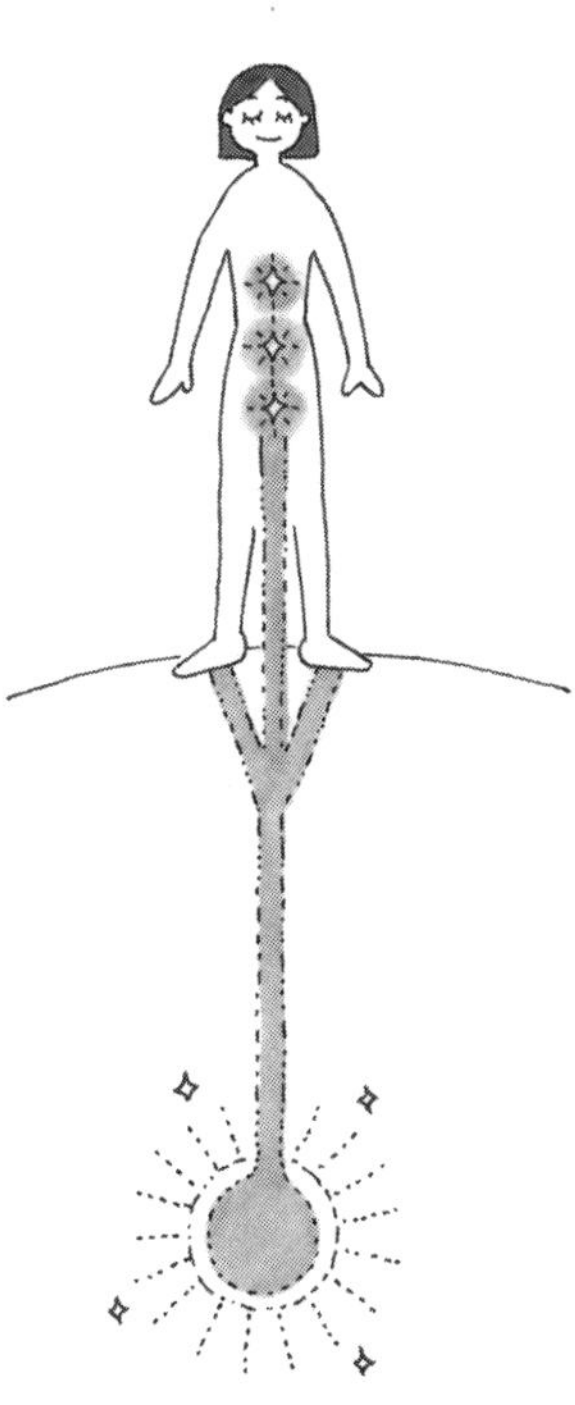

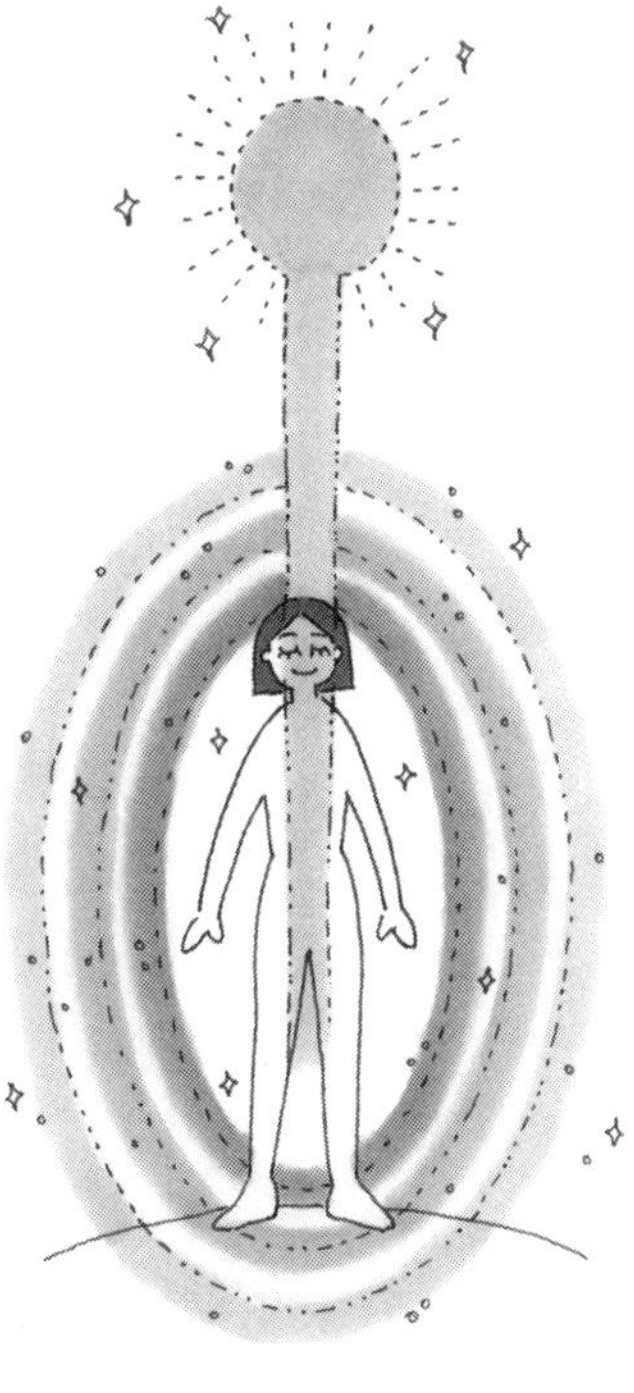

のエネルギーが供給されています。そのエネルギーは私たちを通して日本、世界、地球全体へと拡大していき、調和のとれた平和な世を生み出します。『ありがとう』の気持ちを込めて天と地のワークをやってみましょう。

天と地のワーク

https://hikaruland.net/qr/20230315.html

☆かけがえのないあなたへ

あなたが生まれた時のこと、初めて宇宙から降りてきた時のことを思い出してみましょう。

あなたは学びのために怒り・悲しみ・苦しみといった一喜一憂のエネルギーを自分自身で持つことを決めました。

それと同時に、時がきたらそのエネルギーを愛で包み込み、本来の姿である愛の存在へと還ることも。

宇宙から生み落とされたあなたは、数えきれない程の生まれ変わりを繰り返し、命を磨いてきました。

その長い時の流れの中でいつも変わらず、あなたの後ろには永久不変の宇宙が在りました。

たとえあなたがそれを認めなくても、あなたはそこに存在するだけで愛されているのです。

『宇宙が味方してくれている』

『いつもどんな時でも私には宇宙がついている』


その真理に気がつくと、あなたは深い安心感を覚え、誰かと争ったり、自分を責めることができなくなります。

そして、最高に幸せな人生を創造する力を取り戻すことができます。

あなたはそれをちゃんと決めて生まれてきています。

何があっても、もう大丈夫。

今日から最大限に自分自身を丁寧に扱ってあげてください。

この世に存在できるのはあなたの意識だけです。

自分自身を満たすことができれば、あなたも、あなたが創造した世界も良き方向へと向かっていきます。


大切なのはあなたが幸せで、あなたが主役であること。

宇宙は今もあなたへ無限の愛を贈っています。

おわりに

ちょうど二年前、大変有難いことにヒカルランドのゆかさんから執筆のお話をいただきました。

書き始めてみるとやはり、精神世界という目に見えないものを言葉で表現することの難しさを痛感しましたが、ワークショップやリトリートに参加してくださるお客様とのご縁の中で、私の意識も日々変容し、結果的に一番良い時に書き始め、一番良い時に書き終えることができました。

ペン先から宇宙のエネルギーが流れていくのが視え、その宇宙が原稿いっぱいに広がっていく様子はとても美しく、真の故郷を感じながら執筆させていただきました。

執筆中、『君が代』が何度も降りてきました。

さざれ石という小さな石が岩となり、そしてその岩に苔が生えるまで大変長い時を要します。

その時の長さのように、末永く人々の幸せが続きますようにという先人たちの深い愛が『君が代』には込められています。

先人たちがつないでくれたこの愛を私たちは受け取り、次の世代へとつないでいく。

その意識が愛を拡大させます。

私は毎日、愛を送ります。

その愛があなたに届き、あなたから日本、世界、宇宙へ広がりますように。

あなたが最高に幸せな人生を歩まれますように。今も無限の愛で創造しています∞

最後になりましたが、いつもワークショップやリトリートにご参加くださる皆さま。

本当に子供のように愛おしく宝物のような存在です。

いつもありがとうございます。

ヒカルランドの石井社長を始め編集のゆかさん。

また御本に関わってくださった全ての皆さま。

貴重な経験をさせていただき、最後まで温かく見守ってくださり、ありがとうございました。

その他いつも応援し、支えてくださる皆さまと、この一瞬一瞬の森羅万象に心より深く感謝申し上げます。

ありがとうございました。

のりこ

スピリチュアルカウンセラー　のりこ
２歳の時、人類の意識進化をサポートするため、魂の同意の元、肉体にウォークインする。

６歳の頃、空が自分自身だということに気づいた瞬間に、地球、宇宙全体が自分自身であり、宇宙に存在する一切のもの・現象は一つの意識によって創造されたものだということを悟る。

このワンネスの意識と生まれ持ったサイキック能力で、ハイヤーセルフや指導霊などの高次の存在たちと協働しながら、多くの人の悩み、苦しみ、迷いを乗り越えるための糸口をWS、リトリート、カウンセリングの中でアドバイスしている。

混沌としたこの時代、現実に振り回されることのない安心立命の精神で生きていくためにワークを日々習慣にすることを推奨している。

リトリートは魂の遠足と称えるほど、魂本来の力を取り戻すために大変有効であり、その時期に最適な神社仏閣、エネルギースポットを巡ることで、人と神聖なエネルギーを共振させ、意識進化を加速させるための手助けをしている。

https://walkin-noriko.com/

ウォークインが教える宇宙の真理
~全ての悩める人達へ~

第一刷 2023年4月30日

著者 スピリチュアルカウンセラー のりこ

発行人 石井健資
発行所 株式会社ヒカルランド
〒162-0821 東京都新宿区津久戸町3-11 TH1ビル6F
電話 03-6265-0852 ファックス 03-6265-0853
http://www.hikaruland.co.jp info@hikaruland.co.jp
振替 00180-8-496587

本文・カバー・製本 中央精版印刷株式会社
DTP 株式会社キャップス
編集担当 河村由夏

ISBN978-4-86742-255-7

【イラスト完全ガイド】110の宇宙種族と
未知なる銀河コミュニティへの招待
著者：エレナ・ダナーン
監修：上村眞理子
訳者：東森回美
四六ソフト　本体 3,300円+税

ヒカルランド　好評既刊！

地上の星☆ヒカルランド　銀河より届く愛と叡智の宅配便

Self Awakening
エナの超シンプルな生き方
STEP 1
自分に一致して生きる
著者：内山エナ
四六ソフト　本体 1,600円+税

Self Awakening
エナの超シンプルな生き方
STEP 2
〜悟り〜その先の真実へ〜
著者：内山エナ
四六ソフト　本体 1,700円+税

変わる勇気
見失った心を取り戻す
著者：内山エナ
四六ソフト　本体 1,800円+税

スターシードTheバイブル
あなたは宇宙から来た魂
著者：akiko
監修：市村よしなり
四六ソフト　本体 1,700円+税

アシュタール宇宙船内セッション
著者：並木良和／穴口恵子／
テリー・サイモンズ
四六ソフト　本体 1,800円+税

スターシードの心理GUIDANCE
スターシードの気持ちが徹底
チャネルされた本
著者：Starseed ku
四六ソフト　本体 1,800円+税

ヒカルランド　好評既刊！

地上の星☆ヒカルランド　銀河より届く愛と叡智の宅配便

【新装版】宇宙人の魂をもつ人々
著者：スコット・マンデルカー
監修：南山 宏
訳者：竹内 慧
四六ソフト　本体3,000円+税

聖徳太子コード
地球未然紀［上巻］
著者：中山康直
A5ソフト　本体2,500円+税

神代文字の宇宙波動で治療する
著者：片野貴夫
四六ハード　本体2,000円+税

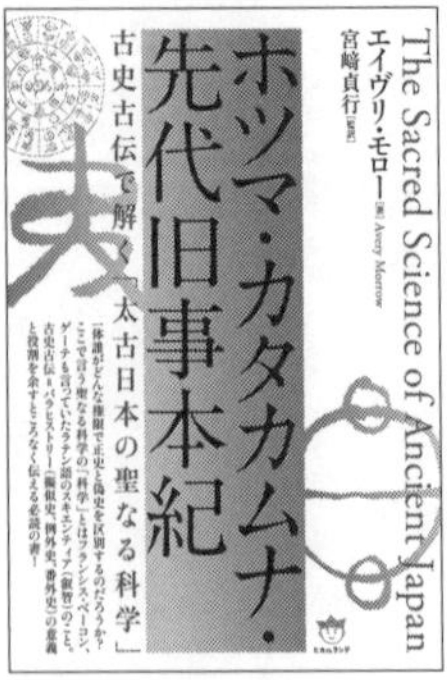

ホツマ・カタカムナ・先代旧事本紀
著者：エイヴリ・モロー
訳者：宮崎貞行
四六ハード　本体2,500円+税

「ラー一族」II
著者：ラリア
四六ソフト　本体1,800円+税

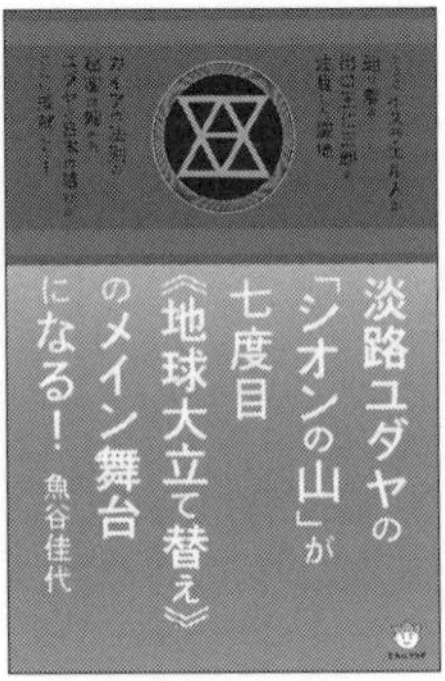

淡路ユダヤの「シオンの山」が七度目《地球大立て替え》のメイン舞台になる！
著者：魚谷佳代
四六ソフト　本体1,574円+税